# Camperglück

# DEUTSCHLANDS FERIENSTRASSEN

Michael Moll

# Camperglück

# DEUTSCHLANDS FERIENSTRASSEN

Die schönsten Traumrouten
von der Alpenstraße bis zur Vulkanstraße

BRUCKMANN

# INHALT

## Camperglück
## UNSERE TOP 14 FERIENSTRASSEN

TOUR 8

TOUR 2

TOUR 1

TOUR 4

TOUR 14

TOUR 9

# Camperglück UNSERE TOP 14 FERIENSTRASSEN

## KREUZ UND QUER DURCH DEUTSCHLAND

Jeder kennt sie, die meist braunen Hinweisschilder zu den unterschiedlichsten Themenrouten in Deutschland. Die sogenannten »Ferienstraßen« ziehen sich durch das ganze Land, und es gibt so viele davon, dass dieses Buch nur eine kleine Auswahl davon vorstellen kann – dafür gespickt mit Tipps, Übernachtungsmöglichkeiten und Informationen, was Sie entlang dieser Touren so alles entdecken können.

### DER RICHTIGE WEGWEISER

Sicherlich kennen Sie das auch: Man fährt mit dem Wohnmobil durch Deutschland, hat eine kleine Altstadt oder eine besondere Sehenswürdigkeit als Ziel und ist auf der Suche nach dem nächsten Wohnmobilstellplatz. Und dann passiert man ein breites braunes Schild, das einem bewusst werden lässt, dass man sich gerade auf dieser oder jener Ferienstraße befindet. Spricht einen das Thema an, beginnt man manchmal ganz spontan, diesen Schildern mit ihren Verlockungen zu folgen – was nicht immer einwandfrei funktioniert, denn eine durchgängige Beschilderung, die den richtigen Weg an jeder Kreuzung weist, fehlt meist noch. Abhilfe schafft dieser Reiseführer. Er führt Sie nicht nur zielsicher vom Anfang bis zum Ende der von uns befahrenen Routen bzw. wichtigsten oder auch schönsten Abschnitte, sondern enthält noch jede Menge an zusätzlichen Informationen wie Hintergrundwissen, Besichtigungstipps oder Hinweise darauf, wie und wo Sie Ihr Wissen weiter vertiefen können. Und wer nun Lust bekommen hat, auch noch andere Teile zu einzelnen Ferienstraßen kennenzulernen – die auf den Karten gestrichelt eingezeichneten Abschnitte, die hier nicht näher beschrieben werden, sind natürlich genauso sehenswert.

**Oben: Die Burg Vischering … Unten: … erkundet man idealerweise vom Wohnmobilstellplatz in Nordkirchen.**

## ZEIT ZUM KENNENLERNEN

Unbestritten ist: Viele der Ferienstraßen sind so lang, dass für deren vollständige Beschreibung selbst ein ganzes Buch nicht ausreichen würde. Die »Deutsche Alleenstraße« zum Beispiel ist fast 3000 Kilometer lang und verläuft einmal komplett von der Ostsee bis zum Alpenrand am Bodensee. Und das nicht einfach auf dem direkten Weg, denn wer die kürzeste Strecke befahren will, sollte besser einen Routenplaner nutzen. Das Ansinnen einer Ferienstraße hingegen ist, dass Menschen, die sie befahren, diese Route kennenlernen und hier ihre Ferien verbringen wollen. Es geht um einen gemütlichen Aufenthalt auf und neben der Straße. Das Wohnmobil bietet sich für solche Tour geradezu an, denn es gibt so viele Camping- und Wohnmobilstellplätze entlang der Strecken, dass es ein Leichtes ist, die Sehenswürdigkeiten mit einer Übernachtung zu kombinieren.

## EINTAUCHEN IN DIE REGION

Daneben gibt es natürlich auch zahlreiche Themenrouten, die deutlich kürzer sind und in einer bestimmten Region bleiben. Zumeist verrät auch schon der Name, wohin

**Weite Strände laden zum Relaxen an der Ostsee ein.**

die Reise führen wird: im Fall der »Deutschen Alpenstraße« etwa nach Süddeutschland und dort in höhere Gefilde. Auch die »Spargelstraße NRW« beschränkt sich nur auf ein einziges Bundesland – ein Pendant dazu gibt es für Interessierte allerdings auch in Niedersachsen. Und wer gerade im bevölkerungsreichsten Bundesland Deutschlands unterwegs ist, kann die eine Ferienstraße auch mal verlassen, um den Hinweisschildern einer anderen zu folgen und sich die industrielle Geschichte des Ruhrgebiets anzuschauen – die »Route der Industriekultur« macht es möglich.

## UNZÄHLIGE KOMBINATIONEN

Ohnehin ist es ein Leichtes, unterschiedliche Ferienstraßen miteinander zu kombinieren. Manchmal kreuzen sich die längeren, und auch die kurzen Themenstraßen liegen oft nah beieinander, etwa die »Deutsche Vulkanstraße« und die »Moselschiefer-Straße«. Letztere ist übrigens mit etwas mehr als 100 Kilometern die kürzeste Ferienstraße, die in diesem Buch vorgestellt wird, eine Straße also, der man problemlos auch mal nur ein Wochenende folgen kann … oder eben ganz spontan, wenn man zufällig ein Hinweisschild dazu entdeckt.

# Route der Industriekultur

## Glücksmomente

Das Panorama vom Tetraeder in Bottrop über das gesamte Ruhrgebiet, nachdem wir nicht nur schweißtreibende Stufen, sondern auch unsere Höhenangst überwunden hatten, war schlichtweg überwältigend.

**TOURENLÄNGE**
377 Kilometer

**START UND ZIEL**
Von Moers nach Hamm

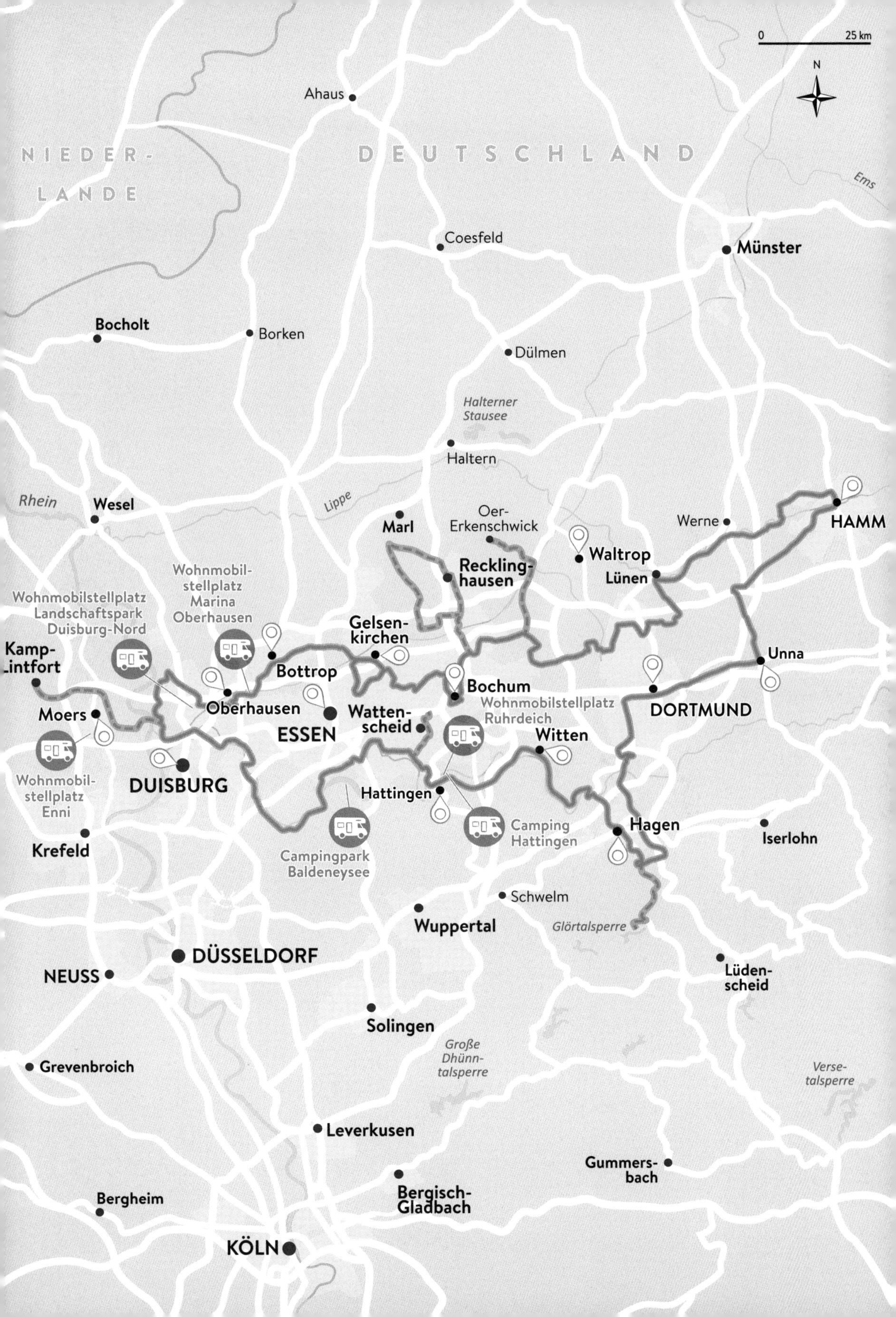

0
25 km
N
NIEDER-
LANDE
DEUTSCHLAND
Ahaus
Ems
Coesfeld
Münster
Bocholt
Borken
Dülmen
Halterner
Stausee
Haltern
Rhein
Wesel
Lippe
Marl
Oer-
Erkenschwick
Werne
HAMM
Waltrop
Reckling-
hausen
Lünen
Wohnmobil-
stellplatz
Marina
Oberhausen
Wohnmobilstellplatz
Landschaftspark
Duisburg-Nord
Gelsen-
kirchen
Kamp-
Lintfort
Bottrop
Unna
Bochum
Oberhausen
Moers
ESSEN
Watten-
scheid
Wohnmobilstellplatz
Ruhrdeich
DORTMUND
Witten
Wohnmobil-
stellplatz
Enni
DUISBURG
Hattingen
Hagen
Camping
Hattingen
Iserlohn
Krefeld
Campingpark
Baldeneysee
Schwelm
Wuppertal
Glörtalsperre
DÜSSELDORF
NEUSS
Lüden-
scheid
Solingen
Große
Dhünn-
talsperre
Grevenbroich
Verse-
talsperre
Leverkusen
Gummers-
bach
Bergheim
Bergisch-
Gladbach
KÖLN

# WIE DER WANDEL EINE REGION FORMTE

## Einblicke in die Geschichte zwischen Landmarken und Museen

Wo einst in Stahlwerken an heißen Hochöfen gearbeitet und in tiefen Schächten Kohle gefördert wurde, bekommen wir heute nicht nur Vergangenheit erläutert, sondern können dort sogar Urlaub machen. So klettert man beim Deutschen Alpenverein in ehemalige Kohlebunker, besucht in Gasometern spannende Ausstellungen und spaziert auf Promenaden um Seen, an denen einst Stahlwerke das Landschaftsbild dominierten. Die klassische Reaktion von jedem, der zum ersten Mal in das Ruhrgebiet reist, zeigt Verwunderung über das viele Grün in der Region. Grund genug, auf der »Route der Industriekultur« die unterschiedlichsten Ankerpunkte anzusteuern.

### BEGRÜNTE HALDE RHEINPREUSSEN

»Tief im Westen, wo die Sonne verstaubt«, besang einst Herbert Grönemeyer die Ruhrgebietsstadt Bochum im gleichnamigen Song, und wir beschließen, »tief im Westen« diese Reise durch die ehemalige Industrielandschaft zu beginnen. Sogar noch ein Stück weiter westlich der zentral gelegenen Stadt Bochum, genauer gesagt in Moers. Die Stadt gehört zwar zum Niederrhein, wird aber genauso der Ruhrmetropole zugeschrieben. Mit der Halde Rheinpreußen im Norden von Moers starten wir gleich unseren ersten Aufstieg auf einen der vielen Ruhrgebietsberge, der zudem mit seiner Landmarke noch deutlich an die Bergbautradition erinnert. Fertiggestellt wurde sie 1998 und gehörte zu den ersten begrünten Halden im Ruhrgebiet. Auf ihrem Gipfel befindet sich seit 2007 eine Grubenlampe bzw. ein »Geleucht«, wie der Bergmann sagt. Die 30 Meter hohe überdimensionale Leuchte wurde von dem deutschen Künstler Otto Piene entworfen, wird in der Nacht in roten Tönen illuminiert und kann auch von innen besichtigt werden.

**Das Geleucht ist eine Landmarke auf der Halde Rheinpreußen.**

**Zwischen Eventhalle und einem Schwimmbad befindet sich zentral in der Nähe zweier Autobahnen der Wohnmobilstellplatz Enni: Filder Straße 144, 47447 Moers, enni.de GPS: 51.440316, 6.618191**

Unsere Reise verläuft überwiegend innerstädtisch und dennoch auf zahlreichen Autobahnen. Als Außenstehender weiß man oft gar nicht, in welcher Stadt man sich befindet, denn das Ruhrgebiet ist ein Geflecht aus über 50 Ortschaften, in denen manche Straßenzüge direkt aneinandergrenzen. Ein sehr schönes Beispiel ist im nordöstlichen Ruhrgebiet die Provinzialstraße am Schiffshebewerk Henrichenburg. Sie besitzt zwei verschiedene Ortseingangsschilder, denn sie gehört linksseitig zu Waltrop, die direkt gegenüberliegende Häuserreihe ist jedoch Teil der Stadt Datteln. Unser nächstes Reiseziel liegt eine gute halbe Fahrstunde von Moers entfernt, auf der anderen Seite des Rheins: Im Süden von Duisburg wartet nämlich bereits eine weitere Halde.

## IN DER ACHTERBAHN

Die Halde ist zwar sehr klein und auch von ihrer Höhe nicht mit den anderen Halden der Region zu vergleichen, doch bietet sie eine ganz außergewöhnliche Landmarke: Tiger & Turtle – Magic Mountain befindet sich auf der Heinrich-Hildebrand-Höhe im Angerpark in Duisburg-Angerhausen. Es handelt sich um eine begehbare Skulptur, die von den Hamburger Künstlern Heike Mutter und Ulrich Genth entworfen wurde und in ihrer geschwungenen Form an eine Achterbahn erinnert. Doch statt mit einem Wagen die Strecke im rasanten Tempo zu befahren, gehen wir zu Fuß durch die Achterbahn. Leider konnten die Architekten der Schwerkraft nicht trotzen – deshalb ist ein Looping zwar vorhanden, aber natürlich nicht zu erreichen, sodass der Weg im Tiger & Turtle zweigeteilt verläuft und jeweils am Fuße des Loopings als Sackgasse endet. Ihr höchster Punkt erhebt sich auf 13 Metern, die begehbare Strecke beträgt über 200 Meter. Die aus Stahl und Zink bestehende Skulptur bietet nicht nur ein wunderschönes Erlebnis, übrigens auch in der Nacht, wenn sie beleuchtet wird, sondern auch einen umfassenden Blick auf die Umgebung.

## AUF DEN SPUREN VON HORST SCHIMANSKI

Duisburg ist aber vor allen Dingen für seinen Hafen, den größten Binnenhafen Europas, bekannt, unser erster Ankerpunkt auf der »Route der Industriekultur«. Er umfasst eine Fläche von zehn Quadratkilometern, auf dem sich öffentliche und private Hafenanlagen befinden. Die Ursprünge des heutigen Hafens liegen im frühen 18. Jahrhundert, als eine Schiffswerft sowie ein Hafenbecken entstanden. Damals wurde auf dem Gelände Kohle umgeladen. Im Laufe der Zeit wurde der Hafen zunehmend größer und gewann immer mehr an Bedeutung in Europa. Heute ist er nicht nur Arbeitsplatz für viele, sondern auch ein Ausflugziel.

**Oben: Keine Sorge, Looping ist im Tiger & Turtle nicht möglich.**
**Unten: Farbenfroh illuminiert – der Landschaftspark Duisburg am Abend**

Bei einer Hafenrundfahrt lernen wir ein Stück der Industriegeschichte des Ruhrgebiets näher kennen, und mit dem Besuch des Binnenschifffahrtsmuseums, dem zweiten Ankerpunkt, runden wir unsere Besichtigung des Hafengebiets ab. Den Anfang nahm das Museum mit dem Museumsschiff *Oscar Huber*. Der Seitenrad-Schleppdampfer wurde 1922 in Dienst gestellt und ist eines von mittlerweile mehreren Schiffen, die zur Ausstellung gehören. Darüber hinaus werden im Museum auch das Leben und die Arbeit auf dem Wasser gezeigt. Außerdem befasst sich die Ausstellung mit der Geschichte des Duisburger Hafens, der Rheinromantik des 19. Jahrhunderts und mit der Entstehung des deutschen Kanalsystems.

**Museum der Deutschen Binnenschifffahrt: Apostelstraße 84, 47110 Duisburg, binnenschifffahrtsmuseum.de**

Nahe dem Museumsschiff befindet sich übrigens eine kleine Gasse, die den vielleicht beliebtesten Kommissar der ARD-Serie *Tatort* ehrt. Der raubeinige Ermittler Horst Schimanski, der von Götz George dargestellt wurde, war nach seinem ersten Auftritt im Jahr 1981 nur wenig angesehen, zeigte er doch ein proletenhaftes Verhalten und stellte die Stadt Duisburg in ein schlechtes Licht. Vielleicht dauerte es deshalb bis zum Jahr 2014, als man den mittlerweile zur Kultfigur gewordenen Kommissar mit einer eigenen Straße ehrte. Diese Straße im Duisburger Hafenviertel Ruhrort ist zwar nur 30 Meter lang, aber nun als Horst-Schimanski-Gasse ausgeschildert.

## FARBENFROHER LANDSCHAFTSPARK

Auch der Norden der Stadt verspricht Einblicke in die Industriekultur der Region, die wir uns nicht entgehen lassen wollen. Nach der Anreise stehen wir aber erst einmal ein wenig verloren vor der braunen Industriekulisse des ehemaligen Hüttenwerks Meiderich. Hier sollen wir wirklich einen Teil unserer Campingreise verbringen? Zwischen Hochofen und Schornstein? Bereits seit 1985 sind diese aber nicht mehr in Betrieb, und neun Jahre später wurde das Gelände der Öffentlichkeit zugänglich gemacht. Um uns mit dem zum Landschaftspark Duisburg-Nord umgestalteten Hüttenwerk vertraut zu machen, steuern wir zunächst einen der Wanderwege an. Der industriegeschichtliche Rundweg informiert mit Hinweistafeln über die Geschichte des Werks und führt in die weitläufigen Außenanlagen. Wir wandern über die Schotterwege ehemaliger Bahntrassen und an einem Windrad vorbei bis zu einer pyramidenförmigen Erhebung, von der aus wir das gesamte Areal überblicken. In den dunklen Abendstunden sollte man sich unbedingt einer der Führungen anschließen, bei der man mit Fackeln und Taschenlampen das Gelände erkundet und erzählt bekommt, wo das Roheisen abgestochen und in welchen Bunkern Koks und Erz gelagert wurde.

Diese Bunkeranlagen sind es auch, an denen der Deutsche Alpenverein Klettermöglichkeiten errichtet hat, an denen man sich nach Herzenslust austoben kann. Besonders lohnenswert ist das Nächtigen auf dem Stellplatz vor dem Landschaftspark.

Denn das in den Abendstunden farbenfroh illuminierte Hüttenwerk bietet faszinierende Fotomotive, sodass wir froh sind, ein Stativ zur Hand zu haben.

**Sehr einfach und eher etwas für Hartgesottene, da bis in die Nacht von Autofahrern gut besucht: Wohnmobilstellplatz Landschaftspark Duisburg-Nord, Emscherstraße 71, 47137 Duisburg**
**GPS: 51.481488, 6.784925**

Der ehemalige Gasometer im Landschaftspark ist heute statt mit Gichtgas mit 21 Millionen Liter Wasser gefüllt, in denen ein Tauchverein zu spannenden Entdeckungstouren einlädt. Zu sehen gibt es zum Beispiel ein künstliches Riff oder das Wrack einer Motorjacht in rund 13 Meter Tiefe. Wir wollen zum Abschluss des Rundgangs noch hoch hinaus. Der einstige Hochofen 5 wurde zu einem Aussichtsturm umgestaltet und kann über angerostete Leitern bis in eine Höhe von 70 Metern erklommen werden. Schwindelfreiheit ist von Vorteil; gleichzeitig sehen wir von oben die nahe gelegene A42. Sie ist die wichtigste Verbindung im nördlichen Ruhrgebiet und bringt uns vom Stellplatz am Duisburger Landschaftspark einfach und schnell zum Wohnmobilstellplatz an der Marina Oberhausen.

## MIT DEM GLASAUFZUG AUFS DACH

Aufgrund seiner Größe nicht zu übersehen ist hier in Oberhausen ein weiterer Gasometer: der zwischen 1927 und 1929 für Gichtgas errichtete Gasbehälter der Gutehoffnungshütte, eines der wichtigsten Maschinenbauunternehmen im Revier. Er ist 117 Meter hoch, hat einen Durchmesser von fast 70 Metern und war damit einer der größten Gasometer in Europa. Anfang der 1990er-Jahre wurde er in eine Ausstellungshalle umgewandelt und etablierte sich seitdem zu einem wichtigen Ausstellungsort im Ruhrgebiet.

**Bei einer spektakulären Fahrt mit einem gläsernen Aufzug im Inneren des einstigen Gasbehälters erreicht man eine Aussichtsplattform, die wunderbare Panoramablicke auf das Ruhrgebiet und den Wohnmobilstellplatz ermöglicht: Gasometer Oberhausen, Arenastraße 11, 46047 Oberhausen**

Gleich neben Gasometer und Marina erstreckt sich das Centro mit zahlreichen weiteren Einrichtungen rund um den Wohnmobilstellplatz. Einst befand sich hier die Gutehoffnungshütte, doch wo früher Stahl hergestellt wurde, ist heute ein riesiger Freizeit- und Shoppingkomplex entstanden.

**Ideale Lage zwischen Rhein-Herne-Kanal und Jachthafen: Wohnmobilstellplatz Marina Oberhausen, Heinz-Schleußer-Straße 1, 46047 Oberhausen, marina-oberhausen.de**
**GPS: 51.494449, 6.883014**

## FÜR WAGEMUTIGE

Um zu den nächsten beiden Halden auf der »Route der Industriekultur«, die wir besuchen wollen, zu gelangen, verlassen wir Oberhausen im Norden und fahren Richtung Bottrop. Die Halde Haniel an der Stadtgrenze von Bottrop zählt mit 159 Meter Höhe zu den höchsten im Ruhrgebiet. Auf dem Haldenplateau wurde 1992 ein Gipfelkreuz aufgestellt, das das Ende eines Kreuzwegs bildet. Es ist eine Erinnerung an den Besuch des Papstes Johannes Paul II., der im Jahr 1987 während seiner zweiten Deutschlandreise in Bottrop und anderen Städten des Ruhrgebiets zu Gast war. Außerdem befindet sich auf der Halde ein Amphitheater mit 800 Plätzen, in dem immer wieder mal Theatervorstellungen vor ungewöhnlicher Kulisse stattfinden.

Die zweite Halde wird oft einfach als Tetraeder bezeichnet – so nämlich heißt die Landmarke, die man bereits bei der Anfahrt von der A42 aus sieht. Der Tetraeder ist eine pyramidenförmige, 60 Meter hohe Aussichtsplattform, die bis 1993 an der Beckstraße in Bottrop aufgeschüttet wurde. Eigentlich ist »das« Tetraeder eine geometrische Form, bestehend aus vier Dreiecken; im Ruhrgebiet nutzt man jedoch den männlichen Artikel, wenn man vom Tetraeder auf der Halde spricht. Die Stahlkonstruktion beherbergt drei Plattformen, die über Treppen miteinander verbunden sind und bei Menschen mit Höhenangst auch zu leichten Schweißausbrüchen führen können. Insbesondere die obere Plattform hat es in sich, da sie zudem noch schräg gelagert ist – und zwar mit Absicht. Auch der Aufstieg auf die Halde ist schweißtreibend, da etliche Stufen auf dem steilen Weg überwunden werden müssen. Belohnt werden wir für die Mühsal mit einem fantastischen Rundblick, der nicht nur über Bottrop reicht. Im Süden erkennen wir hinter der Skyline von Essen den Langenberger Sender im Bergischen Land, nach Westen reicht der Blick bis weit über Duisburg hinweg, und natürlich sind auch einige bereits besuchte Landmarken des Ruhrgebietes, zum Beispiel der Oberhausener Gasometer, gut zu erkennen.

**Oben: Links die Bogenbrücke über dem Rhein-Herne-Kanal, rechts der Gasometer Oberhausen**
**Unten: Der Tetraeder in Bottrop**

**Tetraeder: Beckstraße,**
**46238 Bottrop,**
**route-industriekultur.ruhr**

## INDUSTRIE, NATUR UND KULTUR

Nur eine kurze, zehnminütige Fahrt ist es von Bottrop durch den nördlichsten Essener Stadtteil nach Gelsenkirchen, wo der Nordsternpark als Ankerpunkt weitere Einblicke in den Strukturwandel gibt. Er entstand auf dem Gelände der 1993 stillgelegten Zeche Nordstern. Das Industriegebiet wurde in einen Landschaftspark umgewandelt, in dem sich die drei Elemente Industrie, Natur und Kultur gegenseitig ergänzen. Schon vier Jahre später wurde hier die Bundesgartenschau veranstaltet und das Gelände im Anschluss daran der Öffentlichkeit übergeben, die seither zahlreiche Sehenswürdigkeiten besuchen kann. Zu nennen wäre das Amphitheater, das mit regelmäßig stattfindenden Festen unterhält und direkt am Ufer des Rhein-Herne-Kanals liegt. Dieser wird vom Wahrzeichen des Nordsternparks überspannt – einer für Fußgänger und Radfahrer vorgesehenen Brücke, die mit ihren roten Doppelbögen weithin sichtbar ist. Verschiedene Wander- und Radwege verlaufen durch die Parklandschaft, unter anderem am Kanal entlang, wo man zu Fuß oder mit dem Rad nach Essen gelangt und mit der 50 Meter hohen Schurenbachhalde einen weiteren Aussichtspunkt erreicht.

Die Schurenbachhalde entstand überwiegend durch den Abraum der Essener Zeche Zollverein. Hier war und ist es – anders als bei anderen Halden im Ruhrgebiet – ausdrücklich gewollt, dass das Gipfelplateau nicht bepflanzt ist, sondern wie eine karge Mondlandschaft wirkt. Neben dem herrlichen Rundumblick, der bis zur Skyline von Essen (von hier oben nur einen Steinwurf entfernt), zum Tetraeder in Bottrop und über den Nordsternpark in Gelsenkirchen reicht, fällt natürlich die aufrecht stehende Stahlplatte auf. Die Skulptur trägt den Namen »Bramme für das Ruhrgebiet«, ist 15 Meter hoch und wurde vom amerikanischen Bildhauer Richard Serra aufgestellt, der auch in anderen Städten durch seine Stahlskulpturen zu Bekanntheit gelangte, so zum Beispiel im Guggenheim-Museum in Bilbao und auf der Federal Plaza in New York.

## EINZIGARTIGES WELTKULTURERBE

Die Stadt Essen im Herzen des Ruhrgebiets ist der wohl wichtigste Ankerpunkt der Region und schnell erreicht. Die Zeche Zollverein beherbergt nicht nur das Besucherzentrum der »Route der Industriekultur«, sondern ist auch in der Weltkulturerbeliste der UNESCO eingetragen. Das Steinkohlebergwerk war von 1847 bis 1986 in Betrieb und wurde als eine der schönsten Zechen der Welt bezeichnet. Heute ist es ein Kulturort, der die Geschichte der Industriekultur prägt und zeigt, wie der Strukturwandel verlief. Auf dem ehemaligen und weitläufigen Zechengelände, das bis zur angrenzenden Kokerei Zollverein reicht, nehmen wir uns viel Zeit, um unter anderem das Ruhr Museum, das einen umfangreichen Einblick in die Geschichte der Region ermöglicht, zu besichtigen.

**Ruhr Museum: Gelsenkirchener Straße 181, 45309 Essen, ruhrmuseum.de**

Im Westen Essens befindet sich in unmittelbarer Nähe zum kostenpflichtigen Erholungspark der Gruga die erste Gartenstadt Deutschlands: die Margarethenhöhe. Der Stadtteil erstreckt sich rechts und links der Sommerburgstraße und hat zwei Gesichter. 1910 wurden die ersten Siedlungshäuser auf dem Gelände fertiggestellt, das von Margarethe Krupp gestiftet wurde und seither von der gleichnamigen Stiftung verwaltet wird. Wer heute zwischen den Ein- und Mehrfamilienhäusern »auf der Höhe«, wie die Bewohner ihre Gartenstadt

**In Dortmund lockt die Zeche Zollern zum Erkunden des industriellen Erbes.**

selber bezeichnen, wandelt, sieht efeuberankte Fassaden in der Waldlehne, trifft auf Straßen wie »Daheim« und »Schöngelegen«, die schon mit ihrem Namen pure Idylle ausstrahlen. Katzen rollen sich auf den Stufen vor den Häusern ein, während ihre Besitzer Stühle und Tische für das Frühstück hinausstellen, natürlich nachdem sie die grünen hölzernen Fensterläden aufgeklappt haben. Und damit die Besucher die kleinen Häuser mit ihren geschwungenen Giebeln nicht nur von außen erleben können, stellt die Stiftung zusammen mit dem Ruhr Museum in der Stensstraße 25 eine Musterwohnung zur Verfügung, um das menschenfreundliche Wohnen, für das die Gartenstadt konzipiert wurde, auch von innen zu präsentieren. Das Wohnmobil lassen wir aber lieber außerhalb der Siedlung stehen, denn die kleinen Straßen sind schon mit dem Pkw nicht ganz einfach zu befahren.

### VILLA MIT AUSBLICK

Deutlich mehr Wohnfläche als in den Wohnungen der Margarethenhöhe bietet das vermutlich repräsentativste Bauwerk der Stadt: 8000 Quadratmeter Wohnfläche, verteilt auf über 200 Zimmer mit Küche, Dusche, Bad. Erstbezug 1873. Terrasse, Balkon und Garten mit Südlage und Fernblick in die Natur. Keine direkten Nachbarn. Mehrere Parkplätze auf dem Grundstück. So oder so ähnlich würde wohl eine entsprechende Immobilienanzeige für die Villa Hügel lauten, die sich oberhalb des Baldeneysees erhebt. Doch während der Normalbürger auf ein solches Inserat vermutlich nicht reagieren würde, ist es ihm

aber möglich, die Villa Hügel zu besichtigen und einen ganzen Nachmittag im Hügelpark zu verbringen, der sich rund um das Anwesen erstreckt und eine Größe von 28 Hektar besitzt. Wie praktisch, dass es weiter unten am Seeufer Campingmöglichkeiten gibt, von denen aus wir ganz nebenbei auch noch Rad- und Wandertouren starten können.

Der Baldeneysee ist einer der Stauseen der Ruhr und entstand mit der Errichtung eines Stauwehrs in Essen-Werden zwischen 1931 bis 1933. Der See ist fast acht Kilometer lang und über 350 Meter breit. Sein Name geht auf das Schloss Baldeney in Bredeney zurück, eine Wasserburg, deren älteste Bauteile aus dem späteren 14. oder früheren 15. Jahrhundert stammen.

**Recht abgelegen (Fahrrad hilfreich!), direkt am südlichen Ufer des Baldeneysees, zwischen Essen-Werden und Essen-Kupferdreh: Campingpark Baldeneysee, Hardenbergufer 369, 45239 Essen, campingpark-baldeneysee.de GPS. 51.401064, 7.042907**

Da wir gerade im malerischen und sehr grünen Ruhrtal unterwegs sind, folgen wir der »Route der Industriekultur« in die östliche Nachbarstadt Hattingen. Ein Denkmal der postindustriellen Kultur ist hier die ehemalige Henrichshütte, die als

Die Sechs-Seen-Platte in Duisburg bietet jede Menge Freizeitmöglichkeiten.

Museum benutzt wird. Doch Hattingen verbindet man ebenfalls mit einer schönen, gemütlichen Altstadt. Sie wird von der evangelischen Kirche St. Georg mit ihrem verdrehten Turm geprägt und lädt zu einem gemütlichen Bummel ein. Sowohl Altstadt als auch Henrichshütte sind vom Wohnmobilstellplatz oder vom Campingplatz an der Ruhr sehr gut zu erreichen.

**Ruhige Lage direkt am Ruhrufer, Minigolfanlage gleich nebenan, das Ortszentrum von Hattingen ist fußläufig entfernt: Wohnmobilstellplatz Ruhrdeich, Ruhrdeich 24, 45525 Hattingen GPS: 51.408462, 7.180700**

**Ebenfalls direkt an der Ruhr und am Ruhrtalradweg sowie nahe der Hattinger Altstadt, aber neben einer viel befahrenen Straße und einem Wehr gelegen: Camping Hattingen (Campingplatz »Ruhrbrücke«), Ruhrstraße 6, 45529 Hattingen, camping-hattingen.de GPS: 51.405652, 7.171088**

## LEBEN UNTER TAGE

Wir hadern zwar ein wenig damit, mit dem Wohnmobil in das Stadtzentrum von Bochum zu fahren, doch das dortige Bergbau-Museum ist ebenfalls Ankerpunkt und von großer Bedeutung für die Bergbaugeschichte der Region. Der hellgrüne Förderturm ist nicht zu übersehen und gleichzeitig Zugang zu einer umfangreichen Ausstellung, die bereits 1930 gegründet wurde. Besucher haben die Möglichkeit, durch Ausstellungen und Präsentationen eine interessante und für die Region einstmals typische Welt kennenzulernen. Dazu dient das in 20 Meter Tiefe gelegene Anschauungsbergwerk, das eine Wegstrecke von 2,5 Kilometern bereithält. Der Weg sowie die Arbeitsgeräte und Werkzeuge, die sich entlang des Tunnels befinden, verleihen Besuchern einen realistischen Eindruck von der Härte und Gefährlichkeit der Arbeit unter Tage. Noch vor 50 Jahren hatte eine Ruhrgebietsfamilie mindestens ein Mitglied, welches im Bergbau tätig war – für die heutigen Generationen undenkbar. Nicht zuletzt deshalb ist das Bergbau-Museum eine wichtige Institution für das Ruhrgebiet geworden. Wir wollen uns das nicht entgehen lassen, fahren aber lieber mit öffentlichen Verkehrsmitteln in das Bochumer Stadtzentrum. Das Wohnmobil lassen wir derweil auf dem Campingplatz im Ruhrtal stehen.

**Deutsches Bergbau-Museum Bochum, Am Bergbaumuseum 28, 44791 Bochum, bergbaumuseum.de**

Unsere nächste Station ist Witten. Hier befindet sich am südlichen Flussufer das Muttental, das oft als »Wiege des Bergbaus« im Ruhrgebiet bezeichnet wird. Schon

**Oben: In Hattingen übernachtet man ganz entspannt am Ufer der Ruhr. Unten: Das Bergbaumuseum Bochum besucht man auch unter Tage.**

DEUTSCHES BERGBAU-MUSEUM

im 16. Jahrhundert fand der Kohleabbau hier statt. Durch das grüne Muttental führt der neun Kilometer lange Bergbauwanderweg, dessen einzelne Stationen erläutern, wie sich der Kohleabbau in der Region entwickelt hat. Die Zeche Nachtigall, natürlich auch wieder ein Ankerpunkt, ist die erste Station auf dieser Wanderung. Das Bergwerk wurde 1714 errichtet und war bis 1892 in Betrieb.

**Die Zeche Nachtigall ist heute ein Museum des Landschaftsverbandes Westfalen-Lippe und bietet die Möglichkeit, mit Helm und Grubenlampe durch enge Schächte bis zu einem noch vorhandenen Steinkohleflöz zu gelangen: LWL Museum Zeche Nachtigall, Nachtigallstraße 35, 58452 Witten, zeche-nachtigall.lwl.org**

## IM LANDSCHAFTSPARK HOHEWARD

Das Freilichtmuseum in Hagen ist der nächste Ankerpunkt und ebenfalls absolut sehenswert. Hier kaufen wir uns gleich mal in einem der historischen Handwerksbetriebe frisch gebackenes und köstlich duftendes Brot für das Abendessen im Wohnmobil. Am nächsten Tag lassen wir den Süden der Region hinter uns und steuern den Camper wieder in den Norden des Ruhrgebiets – dort stehen (mal wieder) Haldenbesteigungen an.

**Oben: Sowohl der Obelisk ...
Unten: ... als auch das Horizontobservatorium befinden sich auf der Halde Hoheward.**

Die Halde Hoheward in Herten hat es so richtig in sich, weshalb man hier eigentlich schon von Haldenlandschaft spricht, zu der auch die Halde Hoppenbruch gehört, die durch den Abraum der Zeche Ewald entstanden ist. Von dieser sind seit ihrer Stilllegung im Jahr 2001 noch der wuchtige Malakowturm und der Doppelbock-Förderturm verblieben. Deutlich zu erkennen ist die Halde Hoppenbruch an ihrem 67 Meter hohen Windenergierad. Sowohl von der Halde Hoppenbruch als auch von der Zeche Ewald gelangen wir über viele Stufen auf die größere Halde Hoheward, die dem Landschaftspark ihren Namen lieh. Endlich oben, stehen wir rund 150 Meter über dem Meeresspiegel und können gleich mehrere interessante Objekte besichtigen: einen Obelisken aus glänzendem Edelstahl, der gleichzeitig als Sonnenuhr dient; oder ein sogenanntes Horizontobservatorium. Zwei 45 Meter große Bögen überspannen die Kuppe der Halde und symbolisieren den Meridian und den Himmelsäquator. Sie gelten zudem als Landmarke und sind von Weitem erkennbar. Über zahlreiche Treppen und eine Promenade mit mehreren Balkonen, die als Aussichtspunkte dienen, umrunden wir den Landschaftspark und werfen noch einen Blick auf die Fußgängerbrücke, die am östlichen Fuß der Haldenlandschaft in Form eines chinesischen Drachens die Cranger Straße überspannt.

## WO SCHIFFE GEHOBEN WERDEN

Auf der A2 gelangen wir in östlicher Richtung nach Waltrop, wo das Industriemuseum des Schiffshebewerks einen Besuch lohnt. Zwei hohe Türme mit runden Kuppeln markieren das alte Schiffshebewerk, das 1899 erbaut wurde. Erst mit seiner

Fertigstellung konnte der Dortmund-Ems-Kanal bis zu seinem Hafen befahren werden. Zu seiner Eröffnung war sogar Kaiser Wilhelm II. anwesend, der sowohl den Kanal als auch das Hebewerk feierlich einweihte. Mit dem Hebewerk konnten die Schiffe einen Höhenunterschied von bis zu 14 Metern überwinden, wofür nur rund 45 Minuten benötigt wurden – für die damalige Zeit eine enorme Leistung.

*Gut zu wissen*

**HALDEN**

Halden lernt man im Ruhrgebiet sehr viele kennen. Sie entstanden durch den Abraum, der bei der Kohleförderung unter Tage nach oben geholt wurde. Viele von ihnen sind begrünt, bieten eine Landmarke – also ein auffälliges, weithin sichtbares topografisches Objekt – und sind zugleich Aussichtspunkt mit toller Fernsicht in einer sonst eher flachen Landschaft. 17 solcher Aussichtspunkte liegen am Weg der »Route der Industriekultur«, die zudem noch durch 13 historische Siedlungen führt und uns zu insgesamt 27 bedeutenden Ankerpunkten bringt.

Im Jahr 1962 folgte das neue Hebewerk, welches in seinen Ausmaßen ein Drittel größer war und somit auch die mittlerweile größer gewordenen Schiffe bedienen konnte. Als auch dieses bald zu klein wurde, folgte im Jahr 1989 die dritte Schleuse. Das neue Hebewerk wurde noch bis Ende 2005 parallel hierzu genutzt, dann aber wegen technischer Probleme außer Betrieb gestellt; das alte, auch architektonisch sehenswerte, verfiel zunächst – selbst ein Abriss war im Gespräch. Doch Ende der 1970er-Jahre beschloss der Landschaftsverband Westfalen-Lippe, den Standort zu einem technischen Denkmal umzurüsten, und richtete dort einen Teil des Westfälischen Industriemuseums ein. Beide Hebewerke sind heute Teil des Schleusenparks, durch den wir nun wandeln können. Dabei gelangen wir an 35 Stationen vorbei, die über die Geschichte informieren. Daneben laden auch die Museumsschiffe, die im unteren Becken zu sehen sind, zu einem Besuch ein.

**LWL-Museum Schiffshebewerk Henrichenburg: Am Hebewerk 26, 45731 Waltrop, schiffshebewerk-henrichenburg.lwl.org/de/**

**Nicht nur für Segler ist das Schiffshebewerk in Henrichenburg einen Besuch wert. Im Inneren informiert auch eine interessante Ausstellung.**

**In den Sommermonaten legt mehrmals täglich das Ausflugsschiff *Henrichenburg* ab, das seine Gäste bei Kaffee und Kuchen die Kanäle vom Wasser aus genießen lässt: fgs-henrichenburg.de**

Mit Waltrop befinden wir uns bereits im östlichen Ruhrgebiet, wo sich mit Dortmund die einwohnerstärkste Stadt befindet. Sie bildet schließlich den Übergang nach Westfalen und hat natürlich ebenfalls jede Menge Sehenswürdigkeiten zu bieten, unter anderem die Zeche Zollern, die trotz ihres ähnlich lautenden Namens nichts mit der Zeche Zollverein zu tun hat, außer auch ebenso interessanter Ankerpunkt der »Route der Industriekultur« zu sein. Über die Lindenbrauerei in Unna und den Maximilianpark in Hamm lassen wir die Ferienstraße hinter uns und wissen, dass wir bei dieser großen Auswahl noch gar nicht alles gesehen haben.

**Lindenbrauerei: Rio-Reiser-Weg 1, 59423 Unna, lindenbrauerei.de**

**Weitere Infos: route-industriekultur.ruhr**

# Spargelstraße NRW

## Glücksmomente

Jedem Spargel-Fan beschert diese Route ein kulinarisches Highlight nach dem anderen, denn was könnte besser schmecken als Spargel, frisch gestochen?

**TOURENLÄNGE**
ca. 1300 Kilometer

**START UND ZIEL**
Von Diepholz nach Emmerich am Rhein

0
25 km
N
NIEDER-
LANDE
Assen
Papenburg
Bremen
Thülsfelder Stausee
Cloppenburg
Hölting-hausen
Ems
Emmen
Meppen
Zwolle
Lingen (Ems)
Diepholz
Dümmer
Campingplatz Dümmer See
Nordhorn
Almelo
Bramsche
Riesen-beck
Apeldoorn
ENSCHEDE
Tecklen-burg
Osnabrück
Wohnmobilstellplatz Steinfurt
Steinfurt
Lengerich
Wohnmobilstellplatz am Dortmund-Ems-Kanal
Vreden
Bielefeld
Gescher
Münster
Rhein
Elten
Emmerich am Rhein
Warendorf
Borken
Wohnmobilstellplatz am Emssee
Lüding-hausen
Reisemobilhafen Dorsten
Kleve
Nord-kirchen
Paderborn
Goch
Xanten
Hamm
Dorsten
Wohnmobilstellplatz Nordkirchen
Wohnmobil-stellplatz Xanten
Kevelaer
Parkplatz Spargelhof Schippers
Herne
ESSEN
DORTMUND
Wohnmobilstellplatz Wachtendonk
Ruhr
DUIS-BURG
Baldeney-see
Harkort-see
Brilon
Nettetal
Viersen
Neuss
Mönchen-gladbach
DÜSSEL-DORF
Lüdenscheid
Dhünn-Talsperre
Biggesee
Heinsberg
Selfkant
Reisemobilhafen Köln
KÖLN
Hürth
Siegen
Düren
Wohnmobil-stellplatz Gangelt
Rhein
Rur
Camping Berger
Marburg
Bonn
Rur-stausee
Euskirchen
Bad Neuenahr-Ahrweiler
Gießen
Neuwied

# AUF DER SUCHE NACH DEM WEISSEN GOLD

## Kulinarische Reise durch das Bundesland

Die »Spargelstraße NRW« ist eine der deutschen Ferienstraßen, die man nur zu einer bestimmten Jahreszeit befahren sollte. Natürlich gibt es viele Attraktionen entlang der Route, die auch im Spätsommer oder Herbst sehenswert sind. Doch wer mehr vom Spargel genießen möchte als nur den Anblick der entsprechenden Felder, setzt sich am besten zwischen Mitte April und Mitte Mai ans Steuer seines Wohnmobils. Dann kann man auch jede Gelegenheit nutzen, um sich mit dieser Köstlichkeit zu versorgen.

### 140 SPARGELHÖFE IN NRW

Zwei Sachen sind uns sofort klar, als wir bei der Planung der Tour vorab auf die Karte schauen: Denn zum einen schummelt die »Spargelstraße NRW« ein wenig; sie beginnt nämlich nicht in Nordrhein-Westfalen, sondern im benachbarten Bundesland Niedersachsen. Und zum anderen sind es von dort – genauer gesagt von Cloppenburg – bis zum Endpunkt der Ferienstraße in Emmerich am Rhein noch nicht einmal 250 Kilometer Fahrstrecke – sagt der Routenplaner. Doch die Gesamtstrecke der Ferienstraße beläuft sich auf fast 1300 Kilometer. Es geht also in einem ziemlichen Zickzack durch Nordrhein-Westfalen.

Im Jahr 2005 wurde die »Spargelstraße NRW« unter Mitwirkung des Landwirtschaftsministeriums ins Leben gerufen. Insgesamt 140 Spargelhöfe in den verschiedenen Anbaugebieten des Bundeslandes haben sich ihr angeschlossen und bieten geschmackvolle Einblicke in diese kulinarische Köstlichkeit. Damit ist aber auch klar, dass wir erstens – leider – nicht jeden einzelnen werden besuchen können, und zweitens, dass wir die Strecke auch mal abkürzen dürfen.

**Oben: Mühlen, ob mit oder ohne Flügel, findet man zuhauf im Münsterland. Unten: Mit dem Wohnmobil zu den Spargelfeldern im Rheinland**

**Ein guter Ausgangspunkt für die Reise ist der Campingplatz Dümmer See: Schaffhäuser Feld 16, 49448 Hüde, campingplatz-duemmersee.de GPS: 52.496101, 8.354787**

## EIN CANYON IN DEUTSCHLAND

Wir beginnen unsere Reise auf dem Campingplatz Dümmer See südlich von Diepholz und nahe der Grenze zu NRW. Zu Beginn wechseln wir noch ein wenig zwischen den beiden Bundesländern, wenn wir der Bundesstraße nach Osnabrück folgen und kurz darauf den Teutoburger Wald erreichen. Den berühmten Grand Canyon in den USA haben wir bereits zu Fuß durchquert – zwei Mal sogar. Auch den kleinen Bruder – Grand Canyon du Verdon in Südfrankreich – kennen wir inzwischen. Es ist also keine Frage, dass wir nun auch dem Canyon von Lengerich einen Besuch abstatten wollen. Schmal und tief präsentiert er sich nach einer kurzen Wanderung vor bzw. unter uns. Natürlichen Ursprungs ist dieser Canyon allerdings nicht. Einst war hier ein Kalksteinbruch, der sich nach Einstellung der Arbeiten mit Wasser füllte, das sich nun in einem grünlichen Farbton zeigt. Er ist wunderschön anzuschauen und zugleich Lebensraum für zahlreiche Pflanzen und Tiere. Der Mensch darf den Canyon, der heute als Naturschutzgebiet ausgewiesen ist, nicht betreten, aber immerhin haben wir die Möglichkeit, ihn zu umrunden.

## MALERISCHE STÄDTETOUR

Unsere Reise entlang des Teutoburger Waldes soll gleichzeitig ein Städtetrip in der Region werden, denn Tecklenburg ist nur einen Katzensprung entfernt und bei Besuchern wegen seiner gemütlichen Altstadt beliebt. Die Ruine der gleichnamigen Burg befindet sich auf einem Hügel oberhalb des malerischen Stadtkerns und wird bereits seit den 1920er-Jahren als Freilichtbühne benutzt. Über 2000 Zuschauer können an den Vorstellungsabenden im Innenhof der Burganlage zahlreiche namhafte Musicals erleben. Unterhalb des Burgbergs spazieren wir gemütlich durch die Gassen der historischen Altstadt, die als so gut erhalten gilt wie keine andere in Westfalen. Sie ist geprägt von zahlreichen Fachwerkhäusern und einem kleinen, kopfsteingepflasterten Marktplatz, an dem die Zeit scheinbar stehen geblieben ist.

**Auf dem Weg in Richtung Rheine legen wir auch die ersten Zwischenstopps bei Spargelhöfen ein, so zum Beispiel auf dem Hof Junge-Bornholt in Riesenbeck: Emsdettener Straße 115, 48477 Hörstel-Riesenbeck, junge-bornholt.de**

**Fußläufig vom Hof Junge-Bornholt entfernt, schön am Ufer gelegen: Wohnmobilstellplatz am Dortmund-Ems-Kanal, Postdamm/ Lazarusbrücke, 48477 Hörstel GPS: 52.255843, 7.633737**

Auch bei unserem nächsten Zwischenstopp in Steinfurt gibt es eine gute Übernachtungsmöglichkeit. Hier widmen wir uns aber weniger dem Spargel, sondern der gemütlichen Innenstadt mit der sehenswerten Burg. Am Rande der beinahe kreisförmigen Altstadt befindet sich das Wasserschloss, das zu den ältesten Wasserburganlagen in Westfalen zählt.

Schloss Burgsteinfurt: Burgstraße 16, 48565 Steinfurt

**Geräumiger kommunaler Stellplatz in ruhiger Stadtrandlage mit Stromanschlüssen sowie Ver- und Entsorgungsanlage: Wohnmobilstellplatz Steinfurt, Liederkerker Straße, 48565 Steinfurt GPS: 52.148277, 7.347889**

Auch Münster und Warendorf statten wir einen Besuch ab. In letzterem Ort verzichten wir sogar ausnahmsweise auf Spargel, denn hier offenbart sich uns in der Altstadt eine große Grünfläche mit mehreren Beeten, in denen direkt am Emsufer allerhand Gesundes wächst. Wie auf ein großes, gesundes Büfett blicken wir auf wilde Erdbeeren, Tomaten, Kohlköpfe und verschiedene Kräuter … und können nicht widerstehen. Neben diesem liebevoll angelegten Picknickplatz, an dem man sich auch tatsächlich bequem an einen Tisch setzen kann, informiert ein Schild darüber, dass im Stadtgebiet mehrere Flächen mit Hochbeeten, Blumenfeldern, Beerensträucher und Obstbäumen angelegt wurden. »Essbare Stadt« nennt sich Warendorf denn auch nicht ganz verwunderlich.

**Nur wenige Gehminuten von der Altstadt entfernt, unmittelbar am Emssee und am 8. Längengrad gelegen: Wohnmobilstellplatz am Emssee, Sassenberger Straße 24–28, 48231 Warendorf GPS: 51.954684, 7.999172**

Weiter östlich macht die Spargelroute einen großen Bogen um die Stadt Bielefeld und umrundet diese komplett. Klar, Bielefeld gibt es laut einer bekannten urbanen Internetlegende ja auch nicht – was es hier aber gibt, sind sehr viele Spargelbauern, sodass wir wieder voll auf unsere Kosten kommen.

## ZU BESUCH IM WESTFÄLISCHEN VERSAILLES

Nun geht es in westliche Richtung wieder zurück, und zwar durch das südliche Münsterland. Wie durchfahren Städte wie Beckum und Drensteinfurt und gelangen nach Lüdinghausen, wo sich an der B 58 der Böcker Forstmannshof befindet. In seinem Hofladen werden wir fündig, um den Stauraum unseres Wohnmobils wieder ein wenig aufzufüllen.

**Böcker Forstmannshof: Westrup 10, 59348 Lüdinghausen, forstmannshof.de**

**Sehr liebevoll eingerichtet ist der Wohnmobilstellplatz Nordkirchen mit seinem Fasshaus als Anmeldehäuschen. Sogar Begrüßungsmappen und Betthupferl erhält man hier: Am Gorbach 10a, 59394 Nordkirchen, wohnmobilstellplatz-nordkirchen.de GPS: 51.740209, 7.534026**

Ganz nebenbei sind wir auch noch in einer Landschaft voller Schlösser unterwegs und werfen einen Blick auf die Burg Vischering und natürlich auf das Schloss Nordkirchen, das sich den Beinamen »Westfälisches Versailles« verdient hat. Auf der Nordseite des Schlosses blicken wir über den Weiher und die Venusinsel auf die Fassade des Barockschlosses. An Sommertagen wird der prachtvolle Anblick noch durch eine meterhohe Wasserfontäne verstärkt. Die Venusinsel zwischen Fontäne und Schloss ist

**Schloss Nordkirchen: Schloßstraße 8, 59394 Nordkirchen**

Als das »Westfälische Versailles« wird das Barockschloss in Nordkirchen bezeichnet.

mit mehreren Zehntausend Buchsbäumchen bepflanzt, die nicht nur ein stilvolles Muster ergeben, sondern zugleich auch ein beliebtes Fotomotiv sind. Ihren Namen erhielt die Insel aufgrund der Venusskulpturen im weitläufigen Schlosspark, den insgesamt fast 400 Kunstwerke bzw. Skulpturen schmücken.

## STADT DER GLOCKEN

Auch im westlichen Münsterland, wohin uns die »Spargelstraße NRW« führt, gibt es einiges zu entdecken. Gescher beispielsweise ist als Glockengießerstadt überregional bekannt und darf sich auch offiziell als »Glockenstadt Gescher« bezeichnen. Zurückzuführen ist dies auf die Firma Petit & Gebr. Edelbrock, die bereits im ausgehenden 17. Jahrhundert gegründet wurde. Das Unternehmen schuf zahlreiche Glocken, die im ganzen Land läuten. Zu den ältesten gehört zum Beispiel die Gangolfus-Glocke in der St. Gangolf-Kirche in Heinsberg aus dem Jahr 1764. Auch die zweieinhalb Tonnen schwere Glocke aus dem Jahr 1822 in der St. Georgskirche im nahe gelegenen Vreden stammt von hier, ebenso wie Glocken in Fulda, Osnabrück und im Allgäu. Sogar in einem tibetanischen Meditationszentrum im kalifornischen San Francisco ertönt eine Glocke aus Gescher.

SCHÜCO

Genau zwischen dem Fluss Lippe und dem Wesel-Datteln-Kanal befindet sich der Reisemobilhafen Dorsten, von dem aus man ausgiebige Spaziergänge unternehmen oder ins Stadtzentrum gehen kann: Zur Lippe, 46282 Dorsten, womodo.de
GPS: 51.665817, 6.967378

## DURCH DAS RUHRGEBIET INS BERGISCHE LAND

Über Borken lassen wir das Münsterland langsam hinter uns und durchqueren das Ruhrgebiet von Nord nach Süd. Auch wenn man es kaum glauben mag, aber auch hier wächst der Spargel. Wir überzeugen uns davon auf dem Spargelhof Große-Lahr in Herne und erfahren dabei, dass wir hier im Herbst auch Kürbisse bekommen können. Südlich von Dortmund verläuft unsere Fahrt auf der Spargelstraße ein wenig uncharmant auf der A1 in Richtung Köln weiter. Daher beschließen wir, bei Wuppertal abzufahren, die Müngstener Brücke über der Wupper zu besuchen und eine kleine Wanderung zu Schloss Burg zu unternehmen. Spargelbauern gibt es hier allerdings keine. Diese finden wir spätestens rund um Köln wieder, vor allen Dingen südlich der Domstadt. Zwischen Köln und Bonn laden zahlreiche Höfe zum Besuch und zur Verpflegung ein.

Oben: Kein Fake – manchmal hat man in Nordkirchen auch solche Erlebnisse.
Unten: Tief einatmen sollte man an der Sole in Kevelaer.

Ganz nebenbei kann man hier auch noch den berühmten Freizeitpark Phantasialand aufsuchen: Berggeiststraße 31–41, 50321 Brühl, phantasialand.de

Wir genießen aber auch die Besichtigung der Schlösser in Hürth, die auf der Weltkulturerbeliste der UNESCO verzeichnet sind. Und natürlich besuchen wir auch die einwohnerstärkste Stadt Nordrhein-Westfalens: Köln. Das Wohnmobil können wir entspannt bei einer der Campingmöglichkeiten am Rheinufer stehen lassen und von dort in die Altstadt flanieren. Und nach dem vielen Spargel bringt ein Besuch im Schokoladenmuseum ein wenig Abwechslung in die Kulinarik.

Schokoladenmuseum Köln: Am Schokoladenmuseum 1a, 50678 Köln, schokoladenmuseum.de

Im Süden der Domstadt am Rhein gelegen, gilt als ältester Campingplatz Deutschlands: Camping Berger, Uferstraße 71, 50996 Köln, camping-berger-koeln.de
GPS: 50.890825, 7.023039

Am Rheinufer im Norden Kölns: Reisemobilhafen Köln, An der Schanz, 50735 Köln, reisemobilhafen-koeln.de
GPS: 50.962798, 6.985013

## SCHUTZ DER NATUR

In einem großen Bogen fahren wir durch die Niederrheinische Bucht, blicken dabei auf zahlreiche Spargelfelder und steuern den westlichsten Punkt Deutschlands im sogenannten Selfkant an. Nah zur niederländischen Grenze verläuft unserer Fahrt wieder nordwärts und dem Niederrhein entgegen. Grenznah ist es sehr waldreich, und welche Bäume da im Naturpark Maas-Schwalm-Nette in den Himmel wachsen, ist schon beachtlich. Das grenzüberschreitende Projekt umfasst ca. 870 Quadratkilometer Fläche, was fast der Stadtfläche Berlins entspricht. Es existieren auf beiden Staatsgebieten mehrere Informations- und Naturparkzentren, die sowohl über die Geschichte und Natur des Parks als auch über die Natursehenswürdigkeiten rund um Viersen, Mönchengladbach, Roermond und Venlo informieren. Zu diesen kommen noch das Niederrheinische Freilichtmuseum in Grefrath, das Flachsmuseum in Wegberg-Beeck oder das Roerstreekmuseum im niederländischen Sint Odilienberg. Viel zu tun also. Wir belassen es für diesmal beim Besuch der hiesigen Sequoia-Farm in Nettetal-Kaldenkirchen. Es handelt sich um ein Arboretum, welches zu Testzwecken nach dem Zweiten Weltkrieg angepflanzt wurde. Heute befinden sich mehr als 600 Gehölze hier, doch hauptsächlich geht es, wie der Name schon verrät, um Mammutbäume aus Nordamerika.

**Sequoiafarm Kaldenkirchen: Buschstraße 98, 41334 Nettetal-Kaldenkirchen, sequoiafarm.de**

**Direkt neben einem Freibad, wenige Schritte zur niederländischen Grenze: Wohnmobilstellplatz Gangelt, Am Freibad, 52538 Gangelt, gangelt.de GPS: 50.985762, 5.998824**

Jede Menge Wohnmobilstellplätze bieten uns die Möglichkeit, unsere Fahrt jederzeit zu unterbrechen. Der Hauptgrund dafür sind die noch viel häufiger vorkommenden Spargelfelder, durch ihre Folien und gradlinigen, langen Erdhügel schon von Weitem erkennbar. Besonders bei Neuss, westlich der Landeshauptstadt Düsseldorf, scheinen wir unser Spargel-Eldorado gefunden zu haben. Das macht sich auch an der Dichte der Spargelhöfe bemerkbar. Alle paar Hundert Meter erinnern Schilder daran, dass man in der Nähe Spargel kaufen kann oder auf dem Teller serviert bekommt.

**Spargelgarten Gut Norbisrath, 41516 Grevenbroich, www.spargelgarten.de GPS: 51.105983, 6.662620**

**Kommunaler Stellplatz direkt neben dem kleinen Flüsschen Nette mit Strom, Ver- und Entsorgung: Wohnmobilstellplatz Wachtendonk, Achter de Stadt 36, 47669 Wachtendonk GPS: 51.406484, 6.331025**

## AUF WANDERSCHAFT AM NIEDERRHEIN

Bei Kevelaer kombinieren wir unsere Spargelnahrung mit einer Prise frischer Luft und gesunder Bewegung. Das dortige Gradierwerk ist aber nicht nur etwas für die Lunge, sondern auch für die Augen – ein kleines architektonisches Juwel, zu dem sogar Führungen angeboten werden. Zudem besteht der Solegarten nicht nur aus dem Gradierwerk, sondern auch aus Kneippanlagen und einem Atemweg, auf dem man an verschiedenen Stationen unterschiedliche Übungen für den Körper durchführen kann. Darüber hinaus werden sogenannte Vitalwanderwege angeboten, die selbst mit wenig Kondition oder vollem Spargelbauch noch gut begangen werden können. Denn wenn wir ehrlich sind: Hier, rund um Kevelaer inmitten der niederrheinischen Landschaft, sind Steigungen Mangelware. Der offizielle Flyer der Vitalwanderwege gibt die längste Strecke mit sagenhaften acht Höhenmetern an … da gibt es schlimmere Höhenprofile.

Von Kevelaer ist es nur ein Katzensprung nach Xanten. Nicht zum ersten Mal sehen wir auch hier, dass nicht jeder Spargelhof der »Spargelstraße NRW« angeschlossen ist. Der Spargelhof Schippers südlich von Xanten zum Beispiel ist nicht gelistet, bietet aber einen Hofladen, in dem leckere Spargelcremesuppe geboten wird. Und in der dazugehörigen Veranstaltungshalle ist ein großes Büfett aufgebaut, an dem man sich den ganzen Abend am weißen und grünen Spargel bedienen darf. Deshalb fahren wir auch erst am nächsten Morgen hinein in die Stadt Xanten, die vor allem für den Archäologiepark berühmt ist, aber auch eine schöne Innenstadt zu bieten hat.

**Praktisch, dass man auf dem Parkplatz gegenüber dem Hofladen im Wohnmobil übernachten kann: Spargelhof Schippers, Tackenstraße 14, 46519 Alpen, spargelhof-schippers.de GPS: 51.625256, 6.463406.**

**Der große und beliebte Wohnmobilstellplatz Xanten befindet sich am Rande der Stadt. Das Zentrum und der Archäologiepark sind fußläufig erreichbar. Der Platz bietet ein Restaurant, über 60 Stellflächen, Sanitär und Sauna: Fürstenberg 6, 46509 Xanten GPS: 51.654223, 6.464010**

Unsere Reise auf der »Spargelstraße NRW« nähert sich langsam dem Ende. Wir durchqueren noch den Klever Reichswald, besuchen die Steinmännchen, die liebevoll im Wald geschaffen wurden, und wechseln auf der Rheinbrücke bei Emmerich wieder zum rechten Rheinufer. Auch hier, wo das Land auf drei Seiten von den Niederlanden umgeben ist, laden weitere Spargelhöfe zur Einkehr ein, um sich ein letztes Mal, bevor die Saison endet, den Bauch mit dem weißen Gold vollzuschlagen. Hätten wir jeden einzelnen Spargelhof aufgesucht, hätten die kurzen zwei Monate der Saison gar nicht ausgereicht.

**Weitere Infos: spargelstrasse-nrw.de**

# Deutsche Fehnroute

## Glücksmomente

Pfeifender Wind in rauer Landschaft, genau richtig, um nach einem Spaziergang den Nachmittag mit einer heißen Tasse Tee im Wohnmobil zu verbringen.

**TOURENLÄNGE**
155 Kilometer

**START UND ZIEL**
Papenburg

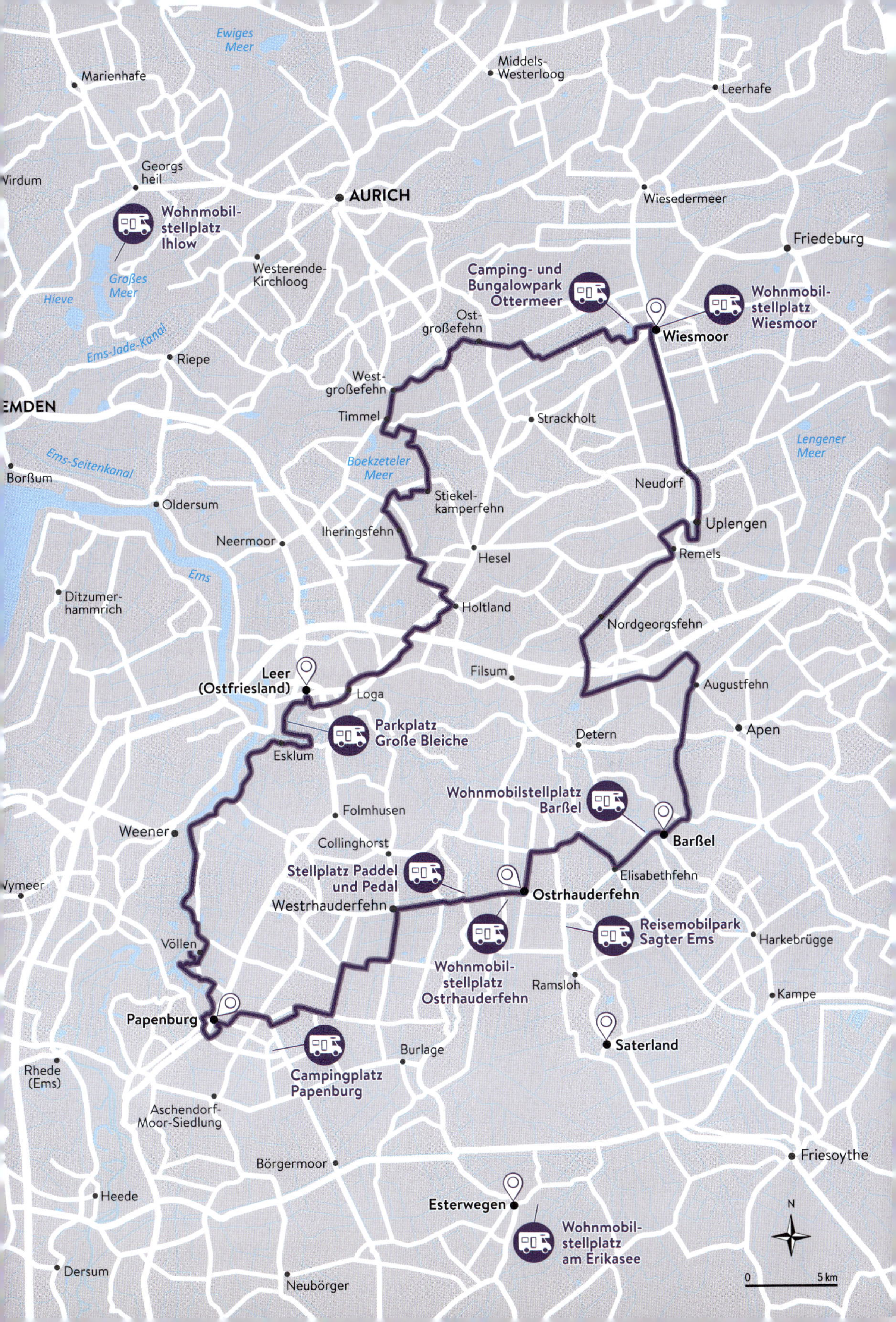
Ewiges Meer
Marienhafe
Middels-Westerloog
Leerhafe
Virdum
Georgsheil
AURICH
Wiesedermeer
Wohnmobilstellplatz Ihlow
Friedeburg
Westerende-Kirchloog
Großes Meer
Hieve
Camping- und Bungalowpark Ottermeer
Wohnmobilstellplatz Wiesmoor
Ost-großefehn
Wiesmoor
Ems-Jade-Kanal
Riepe
West-großefehn
EMDEN
Timmel
Strackholt
Lengener Meer
Boekzeteler Meer
Ems-Seitenkanal
Borßum
Neudorf
Stiekel-kamperfehn
Oldersum
Uplengen
Iheringsfehn
Neermoor
Remels
Hesel
Ems
Ditzumer-hammrich
Holtland
Nordgeorgsfehn
Leer (Ostfriesland)
Filsum
Augustfehn
Loga
Parkplatz Große Bleiche
Apen
Detern
Esklum
Wohnmobilstellplatz Barßel
Folmhusen
Weener
Barßel
Collinghorst
Elisabethfehn
Stellplatz Paddel und Pedal
Wymeer
Ostrhauderfehn
Westrhauderfehn
Reisemobilpark Sagter Ems
Harkebrügge
Völlen
Wohnmobilstellplatz Ostrhauderfehn
Ramsloh
Kampe
Papenburg
Saterland
Campingplatz Papenburg
Burlage
Rhede (Ems)
Aschendorf-Moor-Siedlung
Friesoythe
Börgermoor
Heede
Esterwegen
N
Wohnmobilstellplatz am Erikasee
0
5 km
Dersum
Neubörger

Friederike

# IM HINTERLAND DER NORDSEE

## Mit dem Wohnmobil zwischen den Mooren

Auch wenn die Aussprache ähnlich klingt, erkennt man an der Schreibweise, dass das Wort »Fehn« nichts mit den märchenhaften Damen zu tun hat, die einem die eigenen Herzenswünsche erfüllen. Es steht vielmehr für das Wort Moor, abgeleitet vom niederländischen *veen*, das man im deutschen Sprachraum auch als »Venn« kennt. Ostfriesland wird von zahlreichen Kanälen und Entwässerungsgräben durchzogen, die zum Abbau von Torf dienten und an denen sich die Fehnortschaften ansiedelten, die wir mit dem Wohnmobil in dieser Rundtour erkunden.

### WOHER DIE GROSSEN PÖTTE KOMMEN

Zugegeben, Papenburg liegt nicht an der Küste. Rund 24 Kilometer Luftlinie sind es noch bis zum Dollart an der Emsmündung und sogar über 70 Kilometer bis zum offenen Meer nördlich der Ostfriesischen Inseln. Dennoch darf man, nein, muss man sogar Papenburg in einem Atemzug mit der deutschen Nordseeküste nennen. Immerhin befindet sich nordwestlich der Stadt die Meyer Werft, die in unregelmäßigen Abständen Schlagzeilen macht, weil gerade wieder ein Schiff fertiggestellt wurde. Es sind auch nicht irgendwelche Schiffe, sondern meistens große Kreuzfahrtschiffe, die Platz für mehrere Tausend Passagiere bieten. Spannend dabei ist immer wieder die Überführung der Schiffe auf der Ems bis zur Nordsee, wo sie in der Regel nach Eemshaven auf der niederländischen Seite gebracht werden, um dort ihren letzten Schliff in Form eines Innenausbaus zu erhalten.

**Oben: In Papenburg spaziert man gemütlich an den Kanälen entlang. Unten: Die *Friederike von Papenburg* liegt direkt vor dem Rathaus der Stadt.**

Die Meyer Werft ist heute ein Ankerpunkt der Europäischen »Route der Industriekultur« und dort in bester Gesellschaft, denn zu diesem Netzwerk des industriellen Erbes Europas gehören Standorte wie die Zeche Zollverein in Essen, das Erzbergwerk Rammelsberg im Harz, die saarländische Völklinger Hütte, ein Silberbergwerk in Polen, ein Längstwellensender in Südschweden und eine Mustersiedlung im britischen Bradford – allesamt Weltkulturerbestätten der UNESCO. Dazu hat es in Papenburg zwar noch nicht gereicht, aber immerhin kann die Werft stolz auf eine ähnlich lange und interessante Geschichte zurückblicken.

**Meyer Werft: Besucherzentrum, Hauptkanal links 39, 26871 Papenburg, meyerwerft.de**

Gegründet wurde die Werft im Jahr 1795, als noch Holzschiffe gebaut wurden. Sie war eine von 20 Werften alleine in Papenburg, doch das Familienunternehmen hatte schon früh erkannt, dass die Zukunft im Stahlbau liegt. Noch im 19. Jahrhundert fertigte man auf der Werft bereits die ersten Stahlrumpfschiffe, damals noch mit Dampfantrieb. Durch diesen innovativen Schritt konnte die Meyer Werft sämtliche Mitbewerber abhängen und sich als einzige Werft in Papenburg behaupten. Ihren Standort hatte sie bis in die 1980er-Jahre in der Nähe der Innenstadt; dort findet man heute das Kulturzentrum Forum Alte Werft, das unter anderem die Stadthalle und die Städtische Galerie beherbergt.

Mit dem Umzug der Werft von Papenburgs Mitte an das Ufer der Ems begann der Bau von Kreuzfahrtschiffen – mehr als drei Dutzend davon wurden bisher ausgeliefert. Daneben werden auch Gastanker, Container- und Forschungsschiffe gebaut. Europaweite, wenn auch ungewollte Aufmerksamkeit erlangte die Werft im November 2006 bei einer der ohnehin immer spektakulären Emsüberführungen. Als das fast 300 Meter lange Kreuzfahrtschiff *Norwegian Pearl* der Reederei Norwegian Cruise Line auf der Ems zur Nordsee gebracht werden sollte, wurde dafür eine 380-Kilovolt-Leitung über der Ems abgeschaltet. Das führte augenblicklich zu einer Überlastung des Stromnetzes, weshalb es in mehreren Ländern Europas zu einem Stromausfall kam, von dem zwölf Millionen Menschen betroffen waren. In der Regel verlaufen die Emsüberführungen aber problemlos, und es ist immer wieder ein Erlebnis, diesem Geschehen beizuwohnen. Nicht selten beobachten zahlreiche Menschen am Flussufer, wie die Schiffe teilweise zentimetergenau durch die Engstellen der Ems geschleust werden.

## SCHWIMMENDES MUSEUM

Doch auch wenn keine Schiffsüberführung ansteht, lohnt sich ein Besuch der Stadt Papenburg. Geprägt werden das Ortsbild und die Umgebung von mehreren Kanälen. Der sogenannte Hauptkanal verläuft einmal quer durch die Innenstadt und bietet sich an, um an seinen Ufern gemütlich durch Papenburg zu schlendern. Ausgangspunkt ist das neobarocke Rathaus aus dem Jahr 1913, vor dem die Brigg *Friederike von Papenburg* – Nachbau einer hölzernen Brigg – angelegt hat. Wer will, kann sich im Bauch des Schiffes sogar trauen lassen. Es ist eines von sechs Schiffen, die in den Kanälen des gesamten Stadtgebietes anzutreffen sind und zusammen ein Schifffahrts-Freilichtmuseum bilden. Die auf der Meyer Werft nachgebaute Brigg ist jedoch das einzige dieser Schiffe, das betreten werden kann.

**Maritime Erlebniswelt: Museumsschiff *Friederike von Papenburg*, Hauptkanal rechts 68–69, 26871 Papenburg, maritime-erlebniswelt.de**

Wir folgen dem Hauptkanal in Richtung Westen, also am Schiffsbug vorbei, und gelangen nach nur wenigen Gehminuten zum Küstensegler *Margaretha von Papenburg*. Wenig später folgt ein Schiff des Typs Tjalk, der überwiegend zum Befahren seichter Gewässer gedacht ist. Mit der *Thekla von Papenburg* passieren wir das Zentrum der Stadt und gelangen nach kurzer Zeit zum bereits erwähnten Kulturforum Alte Werft. Dort liegt die *Gesine von Papenburg*, das einzige noch fahrbereite Museumsschiff, was gelegentlich auch genutzt wird.

Vom Rathaus am Kanal in die andere Richtung laufend, erreichen wir den Torftransporter *Anna von Papenburg*, der vor dem Krankenhaus festgemacht hat. Zum Abschluss folgen wir dem Kanal durch einen Rechtsbogen bis zum Schoner *Katharina von Papenburg*, der immerhin 130 Tonnen Fracht laden kann. Im Osten der Stadt, unweit des Campingplatzes, erstreckt sich außerdem der Splittingkanal. An diesem gelangen wir zur Von-Velen-Anlage, einem Freilichtmuseum, das das Leben und den Alltag der ersten Siedler in der Region zeigt. Im Rahmen einer Führung (April bis Oktober) kann man in der Von-Velen-Anlage nicht nur Eindrücke von der Fehn-Entwicklung sammeln, sondern auch eine Bootsfahrt auf den Kanälen der Stadt erleben.

**Von-Velen-Anlage und Papenbörger Hus: Splittingkanal rechts 56, 26871 Papenburg, von-velen-anlage.de**

**Ganzjährig geöffneter Campingplatz am südöstlichen Ortsrand von Papenburg, an einem kleinen See gelegen: Campingplatz Papenburg, Zum Poggenpoel, 26871 Papenburg, campingplatz-papenburg.de GPS: 53.065933, 7.427408**

## UNTERWEGS AM UFER DER EMS

Während unserer Fahrt auf der »Deutschen Fehnroute« müssen wir ein wenig achtgeben. Die Strecke ist eigentlich für Radtouristen gedacht, doch es existiert auch eine Alternativroute für Autofahrer bzw. Wohnmobilisten. Während die Radler also auf dem Weg von Papenburg nach Leer direkt am Ufer der Ems unterwegs sind, nutzen wir kleine Kreisstraßen, die mehr oder weniger parallel verlaufen. Wunderschöne Mühlen wie die Mühle Mitling-Mark, kleine Siedlungen wie Dorenborg und jede Menge Wasserläufe säumen unseren Weg durch die Fehnlandschaft bis Leer.

## STADTBUMMEL DURCH LEER

Die Stadt macht es uns Wohnmobilfahrern ziemlich leicht, denn ein Stellplatz befindet sich direkt im Zentrum. Er ist Teil des Parkplatzes Große Bleiche (eine Sani-Station und Stromanschlüsse sind vorhanden) und bietet daher keine Natur, ist aber ein guter

Ausgangspunkt für einen Spaziergang durch den gemütlichen Ortskern. Und wer hier nicht übernachten möchte, findet zumindest einen ausreichend großen Parkplatz vor. Nur 200 Meter sind es über die Königstraße bis zum Museumshafen, wo mehrere Einkehrmöglichkeiten bereitstehen, und zum Rathaus als Tor in die Fußgängerzone. Der Museumshafen ist alle zwei Jahre Schauplatz für ein Treffen von historischen Traditionsschiffen, bei dem rund 100 Schiffe erwartet werden. Das auffällige Backsteingebäude, in dem heute ein Restaurant untergebracht ist, war einst die Alte Waage, als Leer im frühen 16. Jahrhundert das Wiegerecht erhielt.

**Parkplatz Große Bleiche: 26789 Leer
GPS: 53.226094, 7.447420**

Gleich dahinter befindet sich das Heimatmuseum, in dem neben der heimischen Schifffahrt auch die ostfriesische Wohnkultur ein Themenschwerpunkt ist. Das Wasser des Museumshafens stammt übrigens aus dem Fluss Leda, der am südwestlichen Rand von Leer in die Ems mündet. Überspannt wird es von der Dr.-vom-Bruch-Brücke, die mit dem dazugehörigen Brückenwärterhäuschen seit den 1920er-Jahren als Klappbrücke ihren Dienst tut. Am westlichen Brückenkopf beginnt die Wilhelm-Klopp-Promenade, auf der wir gemächlich am Wasser entlangspazieren und wenig später das historische Dampfschiff *Prinz Heinrich* erreichen. Das auf der Meyer Werft entstandene Schiff wurde nach sechs Jahrzehnten im Jahr 1969 außer Dienst gestellt und fungiert seither als Museumsschiff. Im August 2017 konnte es nach langer Restaurierung wieder aus eigener Kraft fahren. Benannt wurde das Schiff nach dem Generalinspekteur der Kaiserlichen Marine, der gleichzeitig der Bruder von Kaiser Wilhelm II. war. Genutzt wurde es für den Passagier- und Postdienst nach Borkum.

**Museumsschiff *Prinz Heinrich*: Wilhelm-Klopp-Promenade, 26789 Leer, prinz-heinrich-leer.de**

Über den Ernst-Reuter-Platz am Museumsschiff gelangen wir in die Fußgängerzone von Leer. Von einer ihrer schönsten Seiten zeigt sich die Altstadt, wenn wir auf der Mühlenstraße nach links abbiegen und nach einiger Zeit links durch die Brunnen- zur Rathausstraße gelangen. Hier schlendern wir zwischen den gepflegten Häusern der Altstadt und sehen wenig später auf der linken Seite das Haus Samson mit der Jahreszahl 1643 auf der schmuckvollen barocken Fassade. Dabei bezieht sich diese nur auf die Neugestaltung der Fassade, das Haus selbst ist sogar noch älter; es wurde bereits 1570 erbaut. Im Erdgeschoss ist eine Weinhandlung untergebracht, und im ersten und zweiten Stockwerk kann eine private Ausstellung besichtigt werden, die sich mit

**Oben: Zentraler wie hier in Leer kann man in einer Stadt kaum übernachten. Unten: Mit dem Traditionsschiff *Prinz Heinrich* legt man in Leer ab.**

Concorde
HYMER

PRINZ HEINRICH

SAMSON
A.D.1643
J. W. Wolff
Wein
Wolff

der Heimatkunde Ostfrieslands befasst. Am Ende der Fußgängerzone gelangen wir wieder zum Rathaus, das Ende des 19. Jahrhunderts erbaut wurde und einen markanten Turm besitzt. Wenn möglich, sollte man unbedingt einen Blick in das Innere des Gebäudes werfen, das mit zahlreichen Wand- und Deckenmalereien verziert ist.

Nicht unerwähnt bleiben sollen zwei weitere Bauwerke, die sich außerhalb der Leerer Altstadt befinden und zum Verkehrsnetz gehören. Denn westlich der Stadt fließt die Ems nach Norden und ist Schifffahrtsweg für die Kreuzfahrtschiffe der Papenburger Meyer Werft. Rund 800 Meter nördlich der Leda-Mündung in die Ems passieren die Schiffe eine Engstelle, die zu Beginn des 21. Jahrhunderts erweitert werden musste. Die Jann-Berghaus-Brücke gehört zu den größten Klappbrücken Europas und ist über 460 Meter lang. Knapp 60 Meter davon können weggeklappt werden, damit die Schiffe die Ems passieren können.

Wesentlich leichter ist es bei der Emsüberführung weitere zweieinhalb Kilometer flussabwärts. Dort passieren die Schiffe den Emstunnel, was die Kapitäne selbstverständlich unbeeindruckt lässt. Doch als Wohnmobilfahrer auf der A31 fährt man seit 1989 unter der Ems hindurch. Auf der B436 verlassen wir schließlich Leer und widmen uns ab nun den deutlich kleineren Ortschaften entlang der Fehnroute.

**Haus Samson gehört zu den schönsten Bauwerken in der Altstadt von Leer.**

**Einfacher Stellplatz in ruhiger Lage am Ihler Meer, einem kleinen See mit Insel und Aussichtspunkt: Wohnmobilstellplatz Ihlow, Erster Kompanieweg 1, 26632 Ihlow GPS: 53.411125, 7.440686**

## OSTFRIESISCHE GEMÜTLICHKEIT

Die Landschaft rund um Großefehn, die wir nun durchqueren, ist das sogenannte Fehntjer Land. Hier entstand in der ersten Hälfte des 17. Jahrhunderts das erste Fehngebiet, womit Großefehn als älteste Fehnanlage Ostfrieslands bezeichnet werden kann. Als »Blüte Ostfrieslands« kennt man wiederum den nächsten Ort – Wiesmoor. Eine Blumenhalle, zahlreiche Gärtnereien und nicht zu vergessen das traditionelle fünftägige Blütenfest in der ersten Septemberwoche mit einem farbenprächtigen Festumzug sorgen für Begeisterung nicht nur bei Blumenfreunden. In dem Luftkurort erreichen wir den nördlichsten Punkt der »Deutschen Fehnroute« und steuern das Wohnmobil durch kleinere Fehnortschaften nach Barßel. Für aktive Erholung gibt es dort ein gut ausgebautes Netz von Rad- und Wanderwegen. Der Barßeler Hafen ist nicht nur Ausgangspunkt für Bootstouren, sondern auch ein beliebter Treffpunkt für Einheimische und Gäste. Hier lässt es sich bei regionalen Spezialitäten in gemütlichen Gaststätten verweilen. Auch dort trifft man immer wieder auf Wasser. An Bord der *MS Spitzhörn* kann man nicht nur einen Ausflug unternehmen, sondern sogar das sogenannte Klabautermannpatent ablegen, das es einem erlaubt, sich anschließend als Klabautermann zu bezeichnen.

**Der einfache Wohnmobilstellplatz Wiesmoor für acht Fahrzeuge befindet sich am Nordgeorgensfehnkanal in zentraler Lage, gleich neben einem Restaurant: Narzissenstraße, 26639 Wiesmoor
GPS: 53.412307, 7.735204**

**Neben einem Badestrand am Ottermeer, für längere Aufenthalte empfehlenswert: Camping- und Bungalowpark Ottermeer, Am Ottermeer 52, 26639 Wiesmoor, wiesmoor-camping.de
GPS: 53.415223, 7.711200**

**Etwas eng, dafür direkt am Ufer der Soeste und am Hafen von Barßel: Wohnmobilstellplatz Barßel, Deichstraße 1, 26676 Barßel
GPS: 53.168283, 7.733221**

**Direkt am Ufer: Reisemobilpark Sagter Ems, Strücklingen, Hauptstraße 608, 26683 Saterland
GPS: 53.121137, 7.668062**

**Zentraler Wohnmobilstellplatz Ostrhauderfehn: Liebigstraße: 26842 Ostrhauderfehn
GPS: 53.138492, 7.623165**

**Privater Stellplatz des Cafés am Siel in ruhiger Lage: Stellplatz Paddel und Pedal, Am Siel 6a, 26817 Rhauderfehn
GPS: 53.138584, 7.587054**

Als Nächstes durchstreifen wir das sogenannte Saterland. Es liegt ebenfalls eingebettet zwischen Mooren und Wiesen und bietet dabei eine authentische und entspannte Atmosphäre. Mit seiner einzigartigen Mischung aus Tradition, Natur und Gastfreundschaft ist das Saterland ein reizvolles Ziel für Reisende, die abseits der ausgetretenen Pfade eine authentische und ruhige Umgebung suchen. Gesprochen wird hier Saterfriesisch. Es handelt sich um eine der kleinsten Sprachinseln in ganz Europa. Geschätzt wird, dass nur noch maximal 2500 Personen des Saterfriesischen mächtig sind. Es ist als Minderheitensprache anerkannt, deshalb verwundert es nicht, dass die Ortseingangsschilder der vier Saterländer Ortschaften zweisprachig beschriftet sind.

## BLICK IN DIE VERGANGENHEIT

Bevor wir über Ostrhauderfehn wieder nach Papenburg zurückkehren und der Kreis sich schließt, verlassen wir für einen kurzen Abstecher die »Deutsche Fehnroute« nach Süden und besuchen Esterwegen. Die Stadt wurde im düstersten Kapitel Deutschlands bekannt, als nördlich von Esterwegen schon im Jahr 1933 ein Konzentrationslager errichtet wurde.

Es gehörte zu den Emslandlagern und bestand aus 15 Barackenlagern, in denen bis Kriegsende mehrere Zehntausend Menschen gefangen gehalten wurden. Über 30000 Häftlinge starben in den Emslandlagern der Region. Bekannt wurde das Lager unter anderem durch das »Lied der Moorsoldaten«, das von den Gefangenen Johann Esser und Wolfgang Langhoff geschaffen wurde. Die Melodie komponierte Rudi Goguel, der später zu den wenigen Überlebenden des Bombardements auf das Häftlingsschiff *Cap Arcona* zählte. Der Text erinnert an die harte Arbeit, die von den Häftlingen in den Mooren der Umgebung geleistet werden musste. Heute ist das Lied weltberühmt, wurde ins Englische übersetzt und auch von der Musikgruppe »Die Toten Hosen« vertont.

Ein zentrales Element der wichtigen Gedenkstätte ist das Mahnmal, das an die Opfer erinnert und zur kritischen Auseinandersetzung mit der Vergangenheit aufruft. Die Gedenkstätte verfolgt das Ziel, die Erinnerung an die Verbrechen des Nationalsozialismus wachzuhalten und Besucher über die schrecklichen Ereignisse in dieser dunklen Periode der Geschichte aufzuklären. Darüber hinaus steht sie auch für das Bekenntnis zu den Werten der Menschenrechte – Themen, die heute wohl wichtiger denn je zu sein scheinen.

**Gedenkstätte Esterwegen: Hinterm Busch 1, 26897 Esterwegen, gedenkstaette-esterwegen.de**

**Unter dichten Baumkronen und auf einem angrenzenden Feld: Wohnmobilstellplatz am Erikasee, Zum Erikasee, 26897 Esterwegen GPS: 52.993531, 7.668719**

**Weitere Infos: deutsche-fehnroute.de**

*Gut zu wissen*

**GESCHICHTE DES MOORS**

Als das Klima vor 6000 Jahren regenreich war, siedelten sich Torfmoose in verschiedenen Senken an. Diese Moose breiteten sich aus und überwucherten sogar die vorhandenen Bäume, die in der Folge abstarben und umstürzten, während die Torfmoose im Laufe der Zeit ein geschlossenes Polster über all dem bildeten. Irgendwann trat dann der Mensch in Erscheinung und veränderte den natürlichen Lauf der Geschichte des Moores. Im Mittelalter wurde der Torf als Brennmaterial genutzt und sogar noch bis zum Ende des 19. Jahrhunderts in schwerer, harter Arbeit regulär abgebaut. Einige Moore sind heute für Besucher über lange Holzbohlenwege zugänglich. Solche Wanderwege auf Holzbohlen sind charakteristisch für Moore. Kein Wunder, denn Moorlandschaften hat man natürlich nicht zu betreten. Und selbst wenn man es täte, würde man in dem weichen sumpfigen Boden versacken und sich nasse Füße holen … von der Zerstörung des Moores mal ganz abgesehen.

# Deutsche Märchenstraße

## Glücksmomente

Nehmen Sie sich für diese Reise unbedingt Ihr Lieblings-Märchenbuch mit. Wir haben die zauberhafte Stimmung am Abend beim erneuten Eintauchen in diese fantastischen Geschichten sehr genossen.

**TOURENLÄNGE**
ca. 1450 Kilometer

**START UND ZIEL**
Von Buxtehude nach Hanau

HAMBURG
Wilhelms-
haven
Aurich
Witten
burg
Buxtehude
Wohnmobilstellplatz
BWV Hansa
Weser
Bunde
Lüneburg
Elb
Wohnmobil-
stellplatz Bremen
Oldenburg
BREMEN
Bad
Bevensen
Wohnmobilstellplatz
Verden (Aller)
Dannen
berg
Ems
Cloppen-
burg
Sögel
Wohnmobilstellplatz
Am Kuhhirten
Hoya
Verden
(Aller)
Diepholz
Celle
Klötze
Lingen
(Ems)
Stolzenau
Wohnmobilstellplatz
Steinhude
Dümmer
Osnabrück
Minden
Wiedensahl
HANNOVER
Bad Oeynhausen
Rinteln
Wolfen-
büttel
Wohnmobilstellplatz
Rinteln
Hameln
Wohnmobilstellplatz
Hameln
Bielefeld
Münster
Bodenwerder
Wohnmobil-
stellplatz
Bodenwerder
Halberstadt
Brocken
1142
Höxter
Paderborn
Wesercamping
Höxter
DORTMUND
Ebergötzen
Hann.
Münden
GÖTTINGEN
Nordhausen
Möhne-
talsperre
Wohnmobilstellplatz
Weserstein
KASSEL
Heilbad
Heiligenstadt
Lüden-
scheid
Bad
Wildungen
Bad
Langensalza
Hoher Wald
618
Treysa
Neu-
kirchen
Bad
Hersfeld
Arnstadt
Marburg
a. d. Lahn
Reisemobilpark
Urbachtal
Taufstein
773
Wetzlar
Fulda
Suhl
Neuwied
Steinau
a. d. Straße
N
FRANKFURT
a. Main
Hanau
Bacharach
0
25 km

# ES WAR EINMAL EINE WOMO-REISE ...

## Mit den Märchenklassikern durchs Land

Etwa von der Mitte Deutschlands bis fast an die Küste reist mit dem Wohnmobil, wer der »Deutschen Märchenstraße« folgt. Wir entscheiden uns für den umgekehrten Weg und starten am Hase- und Igelbrunnen im hohen Norden, genauer gesagt in Buxtehude, um an Rotkäppchen, Frau Holle und dem Baron von Münchhausen vorbei bis in die Heimat der Gebrüder Grimm zu gelangen. Eine wahrlich zauberhafte Tour mit jeder Menge Camping- bzw. Wohnmobilstellplätzen.

### AM START MIT HASE UND IGEL

Es gibt Ortsnamen, die verbindet man mit etwas ganz Besonderem. Wer schwärmt zum Beispiel nicht von Paris als Stadt der Liebe? Oder verbindet St. Moritz mit einem mondänen Ort in den Alpen? Mit Buxtehude ist es ganz ähnlich, nur leider mit der eher negativen Assoziation für einen weit abgelegenen, leicht rückständigen Ort. Das aber wird der Stadt gar nicht gerecht, denn sie hat einiges zu bieten. Buxtehude ist beispielsweise als Märchenstadt bekannt; insbesondere der Wettlauf zwischen dem Hasen und dem Igel ist hier verortet. Auch beim berühmten Räuber Hotzenplotz findet Buxtehude Erwähnung. Und weil wir noch mehr Spannendes erfahren möchten, suchen wir vor Ort das Heimatmuseum auf, das schon von außen mit seiner Fachwerkarchitektur sehenswert ist ... von wegen abgelegen oder rückständig!

**Die Gebrüder Grimm dürfen bei einer Reise auf der Märchenstraße natürlich nicht fehlen.**

**Gegenüber von Neuland in Buxtehude, am anderen Ufer des schmalen Flüsschens Este, befindet sich der kleine City Sportboothafen des Buxtehuder Wassersportvereins Hansa: Wohnmobilstellplatz BWV Hansa, Am Hafen 5, 21614 Buxtehude, bwvhansa.de GPS: 53.478867, 9.703703**

Wir beginnen also unsere Tour beim freundlichen Hafenmeister, der uns den Zugangscode gibt, um auf das Gelände zu gelangen. Der Platz ist zwar nicht groß, schließlich handelt es sich in erster Linie um einen Wassersportverein, doch dafür stehen wir unmittelbar am Kai, an dem immer wieder Schiffe zu beobachten sind. Die Kirche im Ortszentrum ist keine 250 Meter entfernt, und auf dem Weg dorthin passieren wir schon die erste Eisdiele. Die Tour scheint zu laufen … das Eis an diesem heißen Sommertag aber auch.

## ZU BESUCH BEI DEN STADTMUSIKANTEN

Am nächsten Tag folgen wir der Landstraße parallel zur A 1 über Zeven in die Hansestadt Bremen. Hier müssen wir natürlich nicht lange überlegen, mit welchem Märchen die Stadt in Verbindung zu bringen ist. Wir lassen das Wohnmobil auf dem Stellplatz am Kuhhirten stehen und genießen den Spaziergang entlang der Weser in das historische Schnoorviertel. Die Hauptstraße, die durch das Viertel verläuft, heißt Schnoor und ist Ausgangspunkt für alle weiteren abzweigenden Gänge und Gassen. Zahlreiche Einkehrmöglichkeiten, Geschäfte, Galerien und Souvenirläden laden zum Verweilen und stundenlangen Stöbern ein. Eine Vielzahl der Gebäude in der Schnoor steht unter Denkmalschutz, unter anderem auch die Propsteikirche St. Johann, die im 14. Jahrhundert errichtet wurde. Sie ersetzte damals eine kleine Basilika des Franziskanerordens, der hier ein Kloster baute.

Nördlich der St.-Johann-Kirche erstreckt sich das Stadtzentrum, das wir angesichts der Nachkriegsbauten, in denen viele Shops untergebracht sind, als moderneren Teil des Zentrums bezeichnen würden. Dabei stammen die ersten Gebäude, die man nach Verlassen des Schnoorviertels sieht, aus derselben Epoche und gelten als Wahrzeichen von Bremen. Der Bremer St. Petri Dom kann zum Beispiel bis in das 11. Jahrhundert zurückblicken, und das benachbarte Rathaus steht zusammen mit dem legendären Bremer Roland auf der Welterbeliste der UNESCO. Dennoch geht es hier nicht mehr ganz so gemütlich zu wie in der Schnoor. Die Straßen sind luftiger und bieten sogar Straßenbahnen Platz, die hier durch das Zentrum rumpeln. Im Laufe der Jahrhunderte wurde der St. Petri Dom immer wieder erweitert und umgebaut; die beiden rund 90 Meter hohen Türme etwa wurden erst Ende des 19. Jahrhunderts symmetrisch gestaltet. Der Südturm, der nach einem Einsturz im 17. Jahrhundert komplett neu gebaut wurde, dient heute als Aussichtsplattform. Allerdings wird die Aussicht durch ein engmaschiges Netz und ein weiteres Gitter stark eingeschränkt – nach der Bewältigung von über 260 Stufen ein wenig enttäuschend.

**St. Petri Dom: Sandstraße 10–12, 28195 Bremen, stpetridom.de**

Allerdings sind wir sowieso aus einem anderen Grund hier. Wir gehen gleich nebenan zum Rathaus, das mit einer Weserrenaissance-Fassade imponiert. Sie zeigt zwischen den Fenstern symbolische Figuren, die den Kaiser und die sieben Kurfürsten des Heiligen Römischen Reichs darstellen sollen. Einmal halblinks um das Rathaus herum gelangen wir schließlich zu den Figuren, die jedes Kind kennt und die Teil der »Deutschen Märchenstraße« sind. Ein Esel, auf dessen Rücken ein Hund steht, auf dem sich wiederum eine Katze befindet, und ganz obenauf sitzt der Hahn – kurz: die Skulptur der Bremer Stadtmusikanten. Sie steht an der Seitenwand des Bremer Rathauses und ist ein beliebtes Fotomotiv. In dem berühmten Märchen der Gebrüder Grimm konnten die vier Tiere ihren Besitzern entkommen, die sie aus Altersgründen töten wollten. Sie trafen sich zufällig und folgten dem Vorschlag des Esels, in Bremen Stadtmusikanten zu werden. Und hier stehen sie nun seit dem Jahr 1953 – als Skulptur des Berliner Künstlers Gerhard Marcks. Und vielleicht als Glücksbringer, wie man unschwer an den glänzenden Vorderläufen des Esels erkennen kann, die viele der Besucher im Glauben an diese Wirkung berühren.

**Dichter Baumbestand, daher ist der Satellitenempfang stark eingeschränkt (feste Antennenanschlüsse werden angeboten): Wohnmobilstellplatz Am Kuhhirten, Kuhhirtenweg, 28201 Bremen, stellplatz-bremen.de GPS: 53.064988, 8.818756**

**Ungewöhnliche Lage in einem Wohn- und Geschäftsviertel, zehn Stellflächen mit Blick auf kunstvoll gestaltete Hauswände, gehört zum artHotel: Wohnmobilstellplatz Bremen, Schosterboorn 9, 28207 Bremen, wohnmobilstellplatz-bremen.de GPS: 53.067797, 8.863492**

## ENTLANG DER WESER

Selbstverständlich hat Bremen noch zahlreiche weitere Sehenswürdigkeiten, interessante Bauwerke und zu guter Letzt auch noch eine Vielzahl an Museen. Doch wir wollen weiterziehen und steuern unser Wohnmobil entlang der Weser nach Verden an der Aller. Vorbei am barocken Rathaus mit seinem sehenswerten Rathausturm gelangen wir schaufensterbummelnd bis zum Dom, der das südliche Ende der Altstadt markiert und einen romanischen Backsteinturm aus dem 12. Jahrhundert besitzt. Außerdem zweigen wir bei dem Spaziergang unterwegs ab und erreichen automatisch die Aller, die malerisch am westlichen Rand der Stadt verläuft. Aber Verden bietet auch außerhalb der Altstadt einige Attraktionen, zum Beispiel den »Ritter Rost Magic Park Verden«, der vor allen Dingen die kleinsten Wohnmobilinsassen mit zahlreichen Zaubershows und Fahrgeschäften erfreuen dürfte.

**Ritter Rost Magic Park Verden: Heideweg 3–7, 27283 Verden, magicpark-verden.de**

**Kommunaler Wohnmobilstellplatz Verden (Aller), zentrale Lage, mit Ver- und Entsorgungsstation: Conrad-Wode-Straße, 27283 Verden (Aller) GPS: 52.925671, 9.227686**

Der Weser bleiben wir auf der Reise noch lange treu. In Hoya, malerisch am Fluss gelegen, blicken wir auf den Zwergenbrunnen, der nach der Sage »Die Zwerge im Schloss Hoya« geschaffen wurde. Auch in Nienburg finden wir zahlreiche sehenswerte Skulpturen. Und bei Rehburg-Loccum können wir nicht nur einen Blick auf das bedeutende Kloster werfen, sondern auch noch auf einem Gebrüder-Grimm-Märchenpfad spazieren gehen. Nur einen Katzensprung entfernt ist das Steinhuder Meer, wo wir am Ufer des Sees auf dem Stellplatz nächtigen.

**Auf Schotterrasen, mit Hecken abgetrennte Parzellen für über 150 Wohnmobile: Wohnmobilstellplatz Steinhude, Bruchdamm 2, 31515 Wunstorf, steinhuder-meer.de
GPS: 52.448745, 9.354577**

## IM GEBURTSORT VON WILHELM BUSCH

Nach einem kurzen Stück auf der »Deutschen Märchenstraße« gelangen wir nach Wiedensahl, dem Geburtsort von Wilhelm Busch, wo sich unter der Bezeichnung »Wilhelm Busch Land Wiedensahl« natürlich alles um den berühmten Erfinder von »Max und Moritz« dreht. Anschließend durchqueren wir den Weserdurchbruch Porta Westfalica. Der Fluss trennt hier das Wiehengebirge vom Wesergebirge während wir weiter südwärts reisen und in Bad Oeynhausen das Deutsche Märchen- und Wesersagenmuseum aufsuchen. Neben den Märchen gibt es auf der Route natürlich auch viele andere Sehenswürdigkeiten zu entdecken. Immer wieder genießen wir den Blick auf die im Stil der Weserrenaissance gestalteten Gebäude oder auch so wunderschöne Altstädte mit zahlreichen Fachwerkbauten wie in Rinteln.

**Oben links: Die Bremer Stadtmusikanten stapeln sich gleich neben dem Rathaus.
Oben rechts: Eine ruhige Nacht verspricht der Wohnmobilstellplatz in Rinteln.
Unten: Wer sich für Wilhelm Busch interessiert, ist in Hannover richtig.**

**Wilhelm Busch Land Wiedensahl: Wilhelm Busch Geburtshaus mit Bibliothek, Hauptstraße 68a, Museum im Alten Pfarrhaus, Hauptstraße 89, 31719 Wiedensahl, wilhelm-busch-land.de**

**Nur durch eine Baumreihe von der Weser getrennt, nahe der Altstadt: Wohnmobilstellplatz Rinteln, Dankerser Straße 6, 31737 Rinteln
GPS: 52.191938, 9.078048**

## IM BANN DES RATTENFÄNGERS

Ein Highlight unserer Route ist zweifellos die Stadt Hameln, ebenfalls an der Weser gelegen. Sie ist nicht nur in Deutschland für ihren Rattenfänger bekannt, sondern weltweit. Es wird geschätzt, dass etwa jeder siebte Mensch auf der Erde die Geschichte dieses Flötenspielers kennt.

Große Popularität hat sie in den USA und im fernen Osten Asiens. Seit 2014 steht die Geschichte des »Rattenfängers von Hameln« auf der Liste der nationalen immateriellen Kulturgüter, die von der deutschen UNESCO-Kommission verwaltet wird. Bei dieser prestigeträchtigen Auszeichnung ist es natürlich kein Wunder, dass in Hameln beinahe alles im Zeichen dieser Geschichte steht, angefangen beim Rattenfänger-Figurenspiel an der Fassade des Hochzeitshauses, wo der Flötist dreimal täglich seine Runden dreht. Eine Skulptur des Rattenfängers darf natürlich ebenfalls nicht fehlen, und nicht zuletzt sei an dieser Stelle noch das Rattenfängerhaus erwähnt. Es präsentiert sich kunstvoll verziert im Stil der Weserrenaissance und entstand zu Beginn des 17. Jahrhunderts. Seinen Namen erhielt es jedoch erst 300 Jahre später durch eine Inschrift an der Seite des Hauses, die einen Pfeifer und 130 verleitete Kinder nennt.

**Rattenfängerhaus: Osterstraße 28, 31785 Hameln, hameln.de**

**Halbkreisförmig angelegt, für ca. 16 Fahrzeuge in einem Gewerbegebiet nahe der Altstadt: Wohnmobilstellplatz Hameln, Ruthenstraße 14, 31785 Hameln, wohnmobilstellplatz-hameln.de GPS: 52.096060, 9.358476**

## DIE WAHRHEIT ÜBER DEN LÜGENBARON

Ganz viele Geschichten und Märchen gibt es auch in der nächsten Ortschaft, in der wir das Wohnmobil zum Stehen bringen. Denn ungelogen: Bodenwerder trägt seit 2013 offiziell den Namenszusatz »Münchhausenstadt«. Karl Friedrich Hieronymus von Münchhausen, besser bekannt als der Lügenbaron, kam hier am 11. Mai 1720 zur Welt und starb fast 77 Jahre später auch in Bodenwerder.

Einer seiner Vorfahren, der im 16. Jahrhundert geborene Statius von Münchhausen, ließ ein Herrenhaus errichten, das später als Rathaus diente und in dem heute das Münchhausen-Museum untergebracht ist. Doch auf den Lügenbaron trifft man auch außerhalb des Museums bei einem Spaziergang durch die kleine, gemütlich wirkende Ortschaft. In der Fußgängerzone, dort, wo der schmale Marktplatz beginnt, sitzt er als Figur in einer der wohl bekanntesten Positionen – auf einer Kanonenkugel. Geht man durch die kleinen Sträßchen die wenigen Meter hinab zum Weserufer, erlebt man, wie er auf einem halben Pferd an der Uferpromenade entlangreitet. Und spätestens jetzt merkt man auch, dass Bodenwerder von den fabulösen Lügengeschichten des Adeligen gut lebt. Verschiedene Veranstaltungen, die seinen Namen tragen, finden vor allem in den Sommermonaten statt und gipfeln im Münchhausen-Preis.

**Oben: Echt wahr – Baron von Münchhausen trifft man in Bodenwerder an.
Unten links: Der Rattenfänger von Hameln
Unten rechts: In Bodenwerder schläft man wunderbar am Ufer der Weser.**

Dieser wird alljährlich von der Stadt Bodenwerder an Entertainer, Schauspieler und Kabarettisten verliehen.

**Münchhausen-Museum: Münchhausenplatz 1, 37619 Bodenwerder, muenchhausen-museum-bodenwerder.de**

**Direkt an der Weser und zentrumsnah: Wohnmobilstellplatz Bodenwerder, Am Mühlentor, 37619 Bodenwerder GPS: 51.980510, 9.518302**

Die »Deutsche Märchenstraße« verlässt anschließend für ein kurzes Stück die Weser, um durch die schöne Altstadt von Lügde und zu weiteren märchenhaften Orten zu führen und dann in einem großen Bogen wieder zum Fluss zurückzukehren, wo wir Bekanntschaft mit Holzminden und Höxter machen. Dort befindet sich mit dem Kloster Corvey zudem noch eine ganz besondere Sehenswürdigkeit, die auf der Weltkulturerbeliste der UNESCO eingetragen ist. Auf dessen Friedhof liegt der Dichter und Autor Hoffmann von Fallersleben begraben. Sein bekanntestes Werk ist wohl das »Deutschlandlied«, also der Text der deutschen Nationalhymne.

**Kloster und Schloss Corvey: Corvey 1, 37671 Höxter, corvey.de**

**Am Ufer der Weser, gleich gegenüber der Altstadt, toller Ausgangspunkt für Rad- und Wandertouren: Wesercamping Höxter, Im Brückfeld, 37671 Höxter, wesercamping-hoexter.de GPS: 51.773780, 9.387680**

## ZWEI WEGE ZUM GLÜCK

Bei Lauenförde verzweigt sich die »Deutsche Märchenstraße« ein wenig, und wir haben die Qual der Wahl: Fahren wir weiter östlich über Göttingen, können wir dort den Gänseliesel-Brunnen besichtigen, dann in Ebergötzen nach den Spuren von Wilhelm Busch suchen und den Märchenpark der Brüder Grimm in Heilbad Heiligenstadt aufsuchen. Auch die Holzfigur des Gestiefelten Katers in Arenborn würde uns begeistern.

**Märchenpark der Brüder Grimm: In der Leineaue 1, 37308 Heilbad Heiligenstadt, heilbad-heiligenstadt.de**

Weiter westlich führt die Strecke hingegen zunächst noch an der Weser entlang. Vom Weser Skywalk werfen wir einen wagemutigen Blick auf das Flusstal und sehen später in Hann. Münden dabei zu, wie sich Werra und Fulda küssen. Denn hier, am Weserstein, treffen die beiden Flüsse aufeinander und bilden die Weser – weshalb wir diesen Fluss nun endgültig hinter uns lassen. Zuvor besichtigen wir jedoch die historische

Altstadt, in der sich zahlreiche Fachwerkhäuser aneinanderreihen. Daneben gibt es sehr sehenswerte Bauten im Stil der Weserrenaissance, so zum Beispiel das Rathaus.

**In Hann. Münden legen nicht nur Schiffe für Touren auf der Weser ab. Wer mag, kann mit einem Ausflugsschiff auch die Fulda kennenlernen.**

**Der Wohnmobilstellplatz Weserstein ist Teil eines rummeligen Großparkplatzes, hat aber eine ideale Lage, um über eine überdachte Holzbrücke in die malerische Altstadt zu gelangen. Am Ende der Insel befindet sich der Weserstein, wo Werra und Fulda zusammenfließen: Tanzwerder, 34346 Hann. Münden**
**GPS: 51.420313, 9.648730**

## EINST LEBTEN HIER ZWEI BRÜDER ...

Rund um Kassel, wo die sogenannte »Grimmwelt Kassel« einen spannenden Einblick in die Welt der Märchen bietet, vereint sich die »Deutsche Märchenstraße« wieder, und die Reise geht weiter zu Schneewittchen und den sieben Zwergen bei Bad Wildungen. Einen »Grimm-Dich-Pfad« gibt es in Marburg an der Lahn, wo die beiden Sprachwissenschaftler und späteren Märchensammler studiert haben, bevor wir das sogenannte »Rotkäppchenland« – die malerische Altstadt in Treysa sowie das Märchenmuseum und die Märchenskulpturen in Neukirchen – betreten.

**Tourismusservice Rotkäppchenland: Paradeplatz 7, 34613 Schwalmstadt-Ziegenhain, rotkäppchenland.de**

**Reisemobilpark Urbachtal: Urbachweg 1, 34626 Neukirchen, reisemobilpark-urbachtal.de**
**GPS: 50.871756, 9.349262**

Kurz vor Ende der Reise auf der »Deutschen Märchenstraße« stoppen wir natürlich noch in Steinau an der Straße. Die Stadt hat seit 2006 die Zusatzbezeichnung »Brüder-Grimm-Stadt«, denn diese verbrachten hier einen großen Teil ihrer Jugend. Kein Wunder also, dass es hier das Grimm-Haus gibt, das sich in einer großen Ausstellung der Märchenwelt widmet. Am Schloss Philippsruhe unmittelbar am Mainufer geht unsere Märchenreise stimmig zu Ende – im Museum »GrimmsMärchenReich« in Hanau, dem Geburtsort von Jacob und Wilhelm Grimm.

**GrimmsMärchenReich: Historisches Museum Hanau/Schloss Philippsruhe, Philippsruher Allee 45, 63454 Hanau, museen-hanau.de**

**Weitere Infos: deutsche-maerchen-strasse.com**

# Straße der Romanik

## Glücksmomente

Die Fülle an romanischen Bauten allüberall ist beeindruckend – nicht nur für jene, die schlichte, aber historisch wertvolle Architektur bevorzugen.

**TOURENLÄNGE**
1010 Kilometer

**START UND ZIEL**
Magdeburg

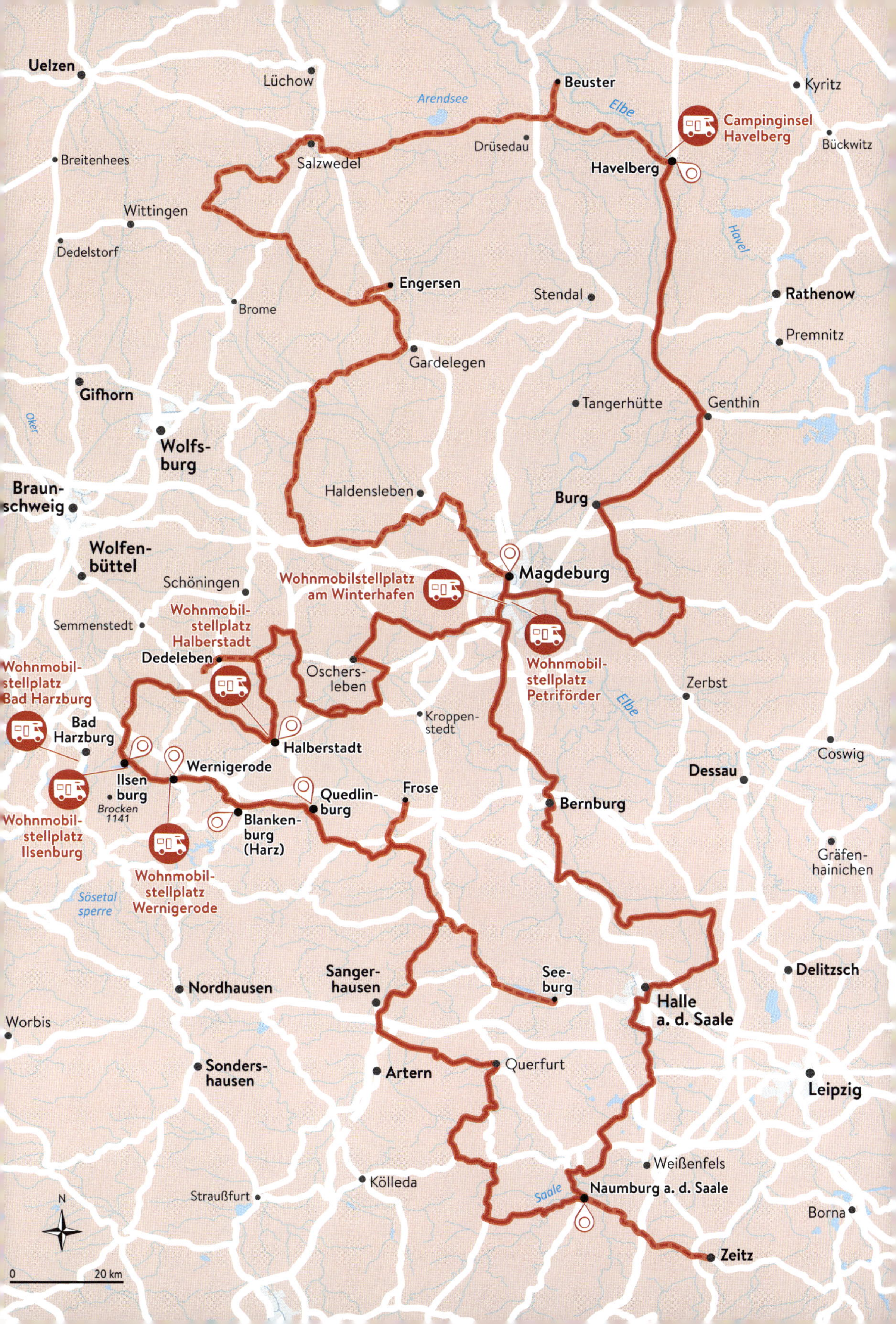

Uelzen
Lüchow
Arendsee
Beuster
Elbe
Kyritz
Campinginsel Havelberg
Bückwitz
Drüsedau
Havelberg
Salzwedel
Breitenhees
Wittingen
Dedelstorf
Havel
Engersen
Stendal
Rathenow
Brome
Premnitz
Gardelegen
Gifhorn
Tangerhütte
Genthin
Oker
Wolfsburg
Braunschweig
Haldensleben
Burg
Wolfenbüttel
Schöningen
Magdeburg
Wohnmobilstellplatz am Winterhafen
Wohnmobilstellplatz Halberstadt
Semmenstedt
Dedeleben
Wohnmobilstellplatz Bad Harzburg
Oschersleben
Wohnmobilstellplatz Petriförder
Zerbst
Elbe
Bad Harzburg
Kroppenstedt
Halberstadt
Coswig
Wernigerode
Ilsenburg
Dessau
Quedlinburg
Frose
Brocken 1141
Blankenburg (Harz)
Bernburg
Wohnmobilstellplatz Ilsenburg
Wohnmobilstellplatz Wernigerode
Gräfenhainichen
Sösetalsperre
Sangerhausen
Seeburg
Delitzsch
Nordhausen
Halle a. d. Saale
Worbis
Sondershausen
Artern
Querfurt
Leipzig
Weißenfels
Kölleda
Straußfurt
Saale
Naumburg a. d. Saale
Borna
N
Zeitz
0
20 km

# VOM FLAIR HISTORISCHER BAUTEN

## Mit dem Wohnmobil durch Sachsen-Anhalt

Die »Straße der Romanik« befindet sich ausschließlich im Bundesland Sachsen-Anhalt und wurde kurz nach der deutschen Einheit ins Leben gerufen. Ihr größeres Pendant, die »Transromanica«, führt Interessierte auf den Spuren romanischer Bauten gar bis Spanien, Italien und Serbien. Wir hingegen wollen diesmal vor allem die südliche Runde in Sachsen-Anhalt, die Teil dieser »Transromanica« ist, kennenlernen.

### IN DER LANDESHAUPTSTADT

Ausgangspunkt für unsere Fahrt auf der »Straße der Romanik« ist idealerweise die Landeshauptstadt Magdeburg. Die Ferienstraße teilt sich nämlich in Form einer Acht in eine nördliche und eine südliche Runde, von denen wir uns vor allem auf letztere konzentrieren werden – und beide starten und enden jeweils in Magdeburg. Ausgerechnet das erste Gebäude, das wir hier besichtigen wollen, ist zwar gar nicht romanisch, aber um den Magdeburger Dom kommt man natürlich nicht herum, wenn man in der Landeshauptstadt verweilt und sich die Sehenswürdigkeiten der Stadt anschauen möchte. Verweilen ist übrigens genau der richtige Ausdruck dafür, denn unser Wohnmobil steht am Ufer der Elbe, wo wir wunderbar durch die Windschutzscheibe direkt auf das Wasser blicken können. Von dort ist es nur ein Katzensprung in die Innenstadt.

**Direkt an der Elbe und sehr zentral:**
**Wohnmobilstellplatz Petriförder,**
**Petriförder 1, 39104 Magdeburg,**
**petrifoerder.de**
**GPS: 52.133992, 11.649184**

**Oben: Die Kirche in Halberstadt – eines von vielen romanischen Bauwerken**
**Unten: In Magdeburg stellt man den Camper am Ufer der Elbe ab.**

Wir gehen lediglich ein wenig am Elbufer nach rechts spazieren und kommen nach Unterquerung der Strombrücke an einem Teil der alten Stadtmauer an – auch nicht romanisch, aber zumindest historisch und mit dem Wehrturm Kiek in de Köken noch dazu schön anzuschauen. Dahinter erstreckt sich die Innenstadt, wie wir schon von Weitem anhand der beiden gut sichtbaren Kirchtürme gut erahnen konnten. Der Dom repräsentiert wunderbar den Übergang von der Romanik zur Gotik. Zahlreiche romanische Elemente sind vorhanden, so zum Beispiel die Südseite des Kreuzgangs und noch weitere Elemente, die natürlich als die ältesten des Bauwerks zu erkennen sind.

Magdeburg besitzt natürlich noch weitere Sehenswürdigkeiten. Nördlich des Domplatzes, gleich gegenüber vom Landtagsgebäude, erhebt sich die Grüne Zitadelle in ihrer farbenfrohen Pracht mit schrägen und runden Elementen. Sie wurde vom österreichischen Künstler Friedensreich Hundertwasser entworfen. Seine Architektur hat mit Romanik nun so gar nichts zu tun, ist aber immer wieder sehenswert. Die Grüne Zitadelle in Magdeburg ist das letzte von ihm entworfene Bauwerk. Auf dem Rückweg zum Wohnmobilstellplatz passieren wir noch das Kloster Unser Lieben Frauen. Hier wird es definitiv romanisch; das Klostergebäude zählt sogar zu den bedeutendsten Anlagen dieser Epoche in Deutschland. Es wurde sogar zu einer Kathedrale erhoben – als nämlich der Magdeburger Dom im frühen 13. Jahrhundert an Karfreitag brannte und die Ostermesse verlegt werden musste. Heute ist in der Klosteranlage ein ebenfalls beeindruckendes Kunstmuseum untergebracht.

**Kloster Unser Lieben Frauen, Kunstmuseum Magdeburg: Regierungsstraße 4–6, 39104 Magdeburg, kunstmuseum-magdeburg.de**

**Etwas weiter abseits, aber in ruhiger Lage und sogar mit Blick aufs Wasser: Wohnmobilstellplatz am Winterhafen, Am Winterhafen 1, 39114 Magdeburg, stellplatzamwinterhafen.de GPS: 52.125042, 11.648802**

## DOMSCHATZ IN HALBERSTADT

Zurück am Wohnmobil beschließen wir, die Südrunde gegen den Uhrzeigersinn zu fahren. Dort wartet als erstes Ziel außerhalb der Landeshauptstadt die Burg Wanzleben auf uns, die Ende des 9. Jahrhunderts erstmalig erwähnt wurde und sich mit romanischem Torturm und Torhaus präsentiert.

Über Oschersleben reisen wir nach Halberstadt, der fünftgrößten Stadt des Bundeslandes, und besuchen hier die Liebfrauenkirche. Sie ist in der Region die einzige romanische Kirche mit gleich vier Türmen. Ihr gegenüber, nur durch den lang gestreckten Domplatz getrennt, erhebt sich der Dom, der zwar später als Kirche im gotischen Stil errichtet wurde, aber einen kostbaren Domschatz beherbergt. Über 650 bedeutsame Objekte der mittelalterlichen Kunst umfasst dieser, neben liturgischen Geräten unter anderem Gefäße, Wandteppiche und sogar einen Holzspan vom Kreuz Jesu Christi.

**Näher dran geht nicht – der Wohnmobilstellplatz Halberstadt befindet sich direkt auf dem Parkplatz am Dom: Düsterngraben, 38820 Halberstadt GPS: 51.896688, 11.046505**

## WANDERUNGEN IM NATIONALPARK HARZ

Nach dem Besuch Halberstadts steuern wir das Wohnmobil durch das Harzvorland, werfen noch einen Blick auf die Stadtkirche St. Stephani in Osterwieck und erreichen wenig später Ilsenburg am nördlichen Harzrand. Hier können wir nicht nur wunderbar auf dem Wohnmobilstellplatz unterkommen, sondern auch gleich zwei Klöster besuchen: Das Benediktinerkloster St. Peter und Paul befindet sich unweit des Wohnmobilstellplatzes am Zugang zum Ilsetal, während das etwas ältere Benediktinerinnenkloster St. Vitus gleich nebenan in Drübeck erbaut wurde. Herzstück der Klosteranlage ist die dreischiffige Klosterkirche aus dem 11. Jahrhundert.

So unmittelbar am Harzrand können und wollen wir es uns natürlich nicht nehmen lassen, auch mal in die Wanderschuhe zu schlüpfen. Jede Menge Wandermöglichkeiten stehen uns hier zur Verfügung, und der Brocken als höchster Berg Sachsen-Anhalts, gar von ganz Norddeutschland, ist zum Greifen nahe. Auf einem Gipfelrundweg lernen wir den Brockengarten kennen, der sich mit rund 1600 Pflanzenarten als interessanter botanischer Garten entpuppt. Wir spazieren um den Funkturm herum, kehren in einem der gastronomischen Betriebe ein und betreten natürlich das Brockenhaus, in dem sich das Nationalparkzentrum mit einer umfangreichen Ausstellung befindet. Natürlich sollte man aber auf keinen Fall vergessen, die Aussicht zu genießen. Bei guter Wetterlage reicht der Blick in Richtung Süden bis zum markanten Inselsberg im Thüringer Wald. Und wenn das Wetter es noch besser mit uns meint, sehen wir sogar den Fichtelberg, der immerhin über 200 Kilometer entfernt ist, sowie den Kahlen Asten im Sauerland.

**Ort oder Nationalpark? Der Wohnmobilstellplatz Ilsenburg liegt für beide Ziele günstig und ruhig: Ilsetal 6, 38871 Ilsenburg GPS: 51.854858, 10.669801**

**Wer genügend Zeit hat, sollte sich in Blankenburg den Stempelpass für die Harzer Wandernadel holen. 222 Stempel gibt es im gesamten Harz zu erwandern. Wer alle hat, darf sich Harzer Wanderkaiser nennen und erhält ein Harzer Gestein mit Goldplakette.**

Nur eine Ortschaft weiter westlich können wir vom dortigen Wohnmobilstellplatz in Bad Harzburg aus ebenfalls eine tolle Wanderung unternehmen. Bis zu 22 Meter hoch ist der Pfad, der sich zwischen den Baumwipfeln durch den Wald schlängelt, und zwar auf einer Länge von 700 Metern. Zahlreiche Erlebniselemente und Lehrstationen erwarten die Besucher in luftiger

Höhe über dem Waldboden, bevor man nach einiger Zeit und einem gemütlichen Spaziergang das Ende des Parcours erreicht hat.

**Baumwipfelpfad Harz: Nordhäuser Straße 2b, 38667 Bad Harzburg, baumwipfelpfad-harz.de**

**Direkt an der Bundesstraße, der Baumwipfelpfad startet gleich gegenüber: Wohnmobilstellplatz Bad Harzburg, Nordhäuser Straße 10, 38667 Bad Harzburg, wohnmobilstellplatz-bad-harzburg.de GPS: 51.869236, 10.558070**

## ERHALTENSWERTES WERNIGERODE

Nach den Ausflügen in den Nationalpark folgen wir wieder der »Romanischen Straße«. Sie führt uns ostwärts in die wunderschön anzusehende Altstadt von Wernigerode. Erstmalig erwähnt wurde Wernigerode im frühen 12. Jahrhundert, und schon rund einhundert Jahre darauf wurden dem Ort die Stadtrechte zugesprochen. Dass wir die mittelalterliche Altstadt und insbesondere das markante Rathaus in seiner heutigen Form besichtigen können, ist Gustav Petri zu verdanken, obwohl er ausgerechnet Oberst der Wehrmacht war. Aber in eben dieser Funktion stellte er sich gegen den Befehl, die Stadt gegen die anrückenden amerikanischen Truppen zu verteidigen. Möglicherweise hatte er die Aussichtslosigkeit in den letzten Kriegstagen und die damit verbundenen Zerstörungen erkannt, denn Petri war erst drei Tage zuvor in Wernigerode angekommen und war zuvor in der Ardennenoffensive und im Ruhrkessel zurückgedrängt worden. Am Tag darauf wurde er wegen Gehorsamsverweigerung bei Drei Annen Hohne erschossen. Nach der deutschen Einheit wurde ihm zu Ehren dort ein Gedenkstein aufgestellt. In Wernigerode wurde eine Straße nach dem sogenannten »Retter von Wernigerode« benannt, und am Wohltäterbrunnen erinnert eine Plakette an sein Opfer. Der Brunnen steht seit Mitte des 19. Jahrhunderts auf dem Marktplatz und beherbergt mehrere Schilder und Wappen von Persönlichkeiten, die sich um das Wohl der Stadt verdient gemacht haben.

## ALTSTADTRUNDGANG

Gleich gegenüber erhebt sich am Südrand des Marktplatzes das Rathaus von Wernigerode als Wahrzeichen der Stadt. Besonders auffallend sind an dem mittelalterlichen Fachwerkgebäude die beiden spitz zulaufenden Türme, die den Boden jedoch nicht berühren, sondern wie Erker an der Fassade zu schweben scheinen. Doch das Rathaus ist nicht das einzige erwähnens- und sehenswerte Gebäude der Stadt. Da wären noch einige Kirchen zu nennen, die ebenfalls einen Besuch lohnen. Zu den größten gehört die evangelische St. Sylvestrikirche.

**Beeindruckend ist der Wohltäterbrunnen in Wernigerode.**

Dr. Adolf
Siegm.
Friederich
1812–1892
August
Wilhelm
Grube
1816–1884

Sie soll aus einer Kapelle entstanden sein, die Benediktinermönche des heutigen Weltkulturerbes Kloster Corvey im 9. Jahrhundert errichtet haben. Durch die Gassen der Altstadt gelangt man von diesem Gotteshaus zur Liebfrauenkirche, die im 18. Jahrhundert gebaut wurde und eine romanische Kirche des 13. Jahrhunderts nach einem verheerenden Brand ersetzte.

**Kurzer Fußweg ins Zentrum von Wernigerode: Wohnmobilstellplatz Wernigerode, Am Katzenteich 11, 38855 Wernigerode**
**GPS: 51.838457, 10.781139**

An weltlichen Gebäuden präsentiert sich Wernigerode überwiegend mit Fachwerkbauten. Die ehemalige Walkmühle aus dem Jahr 1680 wurde beispielsweise im Laufe der Zeit vom Wasser des Mühlgrabens umspült, sodass sich das Gebäude um beachtliche sieben Prozent zu Seite neigte und heute als Schiefes Haus ein Museum beherbergt. In der Hinterstraße 48 befindet sich wiederum das älteste Haus der Stadt, das in der Wende zum 15. Jahrhundert erbaut wurde und einen schweren Stadtbrand vor fast 200 Jahren unbeschadet überstand. Das Krummelsche Haus besticht wiederum mit einer reichhaltig verzierten Fassade und gilt in der Breiten Straße als weitere Sehenswürdigkeit von Wernigerode. Als das kleinste Haus der Stadt zeigt sich das nur wenige Meter breite Fachwerkhaus in der Kochstraße, in dem heute ebenfalls ein Museum untergebracht ist.

**Schloss Wernigerode erhebt sich auf den nördlichen Hügeln im Harz.**

## VON SCHLOSS ZU SCHLOSS

Doch das bedeutendste und alles überragende Bauwerk von Wernigerode ist das Schloss auf dem Burgberg östlich der Altstadt. Es entstand im 13. Jahrhundert und wurde anfangs von den Grafen von Wernigerode genutzt. Später fiel es an das Adelsgeschlecht der Grafen von Stolberg. Heute beherbergt es ein umfangreiches Museum ist und bietet neben mehreren Einkehrmöglichkeiten auch einen tollen Ausblick von der Schlossterrasse. Dieser reicht über die Dächer der Stadt hinweg bis zum Brocken.

**Schloss Wernigerode: Am Schloß 1, 38855 Wernigerode, schloss-wernigerode.de**

Auch unser nächstes Ziel, Blankenburg, befindet sich am nördlichen Harzrand. Markante und bedeutendste Sehenswürdigkeit der Stadt ist das oberhalb auf dem Kalkberg Blankenstein erbaute Schloss. Eine erste Burganlage wurde im frühen 12. Jahrhundert namentlich erwähnt, aus dem das heutige barocke Bauwerk hervorgegangen ist. Nach dem Ende der DDR verfiel das Gebäude zusehends, da es nicht mehr genutzt wurde. In den letzten Jahren war man bemüht, diesem Verfall ein Ende zu setzen. Teile des Schlosses sind nun wieder restauriert, und so können einige repräsentative Räume bei einer Führung besichtigt werden.

**Schloss Blankenburg: Großes Schloss 1, 38889 Blankenburg, rettung-schloss-blankenburg.de**

## BEDEUTENDES WELTKULTURERBE

In Thale, wo wir erneut wandern und den Hexentanzplatz aufsuchen, besichtigen wir außerdem das Kloster Wendhusen, bevor wir uns dem Dom und dem Domschatz in Quedlinburg widmen. Alleine 800 Häuser im mittelalterlichen Stadtkern von Quedlinburg stehen unter Denkmalschutz. Zusammen mit der romanischen Stiftskirche ergeben sie ein »außergewöhnliches Beispiel für eine europäische Stadt«, wie es von der UNESCO formuliert wurde, die Häuser und Kirche zum Weltkulturerbe adelte.

Sehenswert sind aber mehrere Gotteshäuser in der Stadt, zum Beispiel die St. Nikolaikirche aus dem frühen 13. Jahrhundert. Ihre beiden Türme sind immerhin über 70 Meter hoch. Besondere Erwähnung verdient aber die romanische Stiftskirche St. Servatius. Sie wurde im 11. und 12. Jahrhundert erbaut und beherbergt die bedeutende Domschatzkammer, unter anderem mit dem Samuhel-Evangeliar sowie mehreren Schreinen und weiteren Devotionalien. Nach Ende des Zweiten Weltkriegs befand sich der Domschatz fast ein halbes Jahrhundert als Beutekunst in den Händen eines texanischen US-Leutnants, konnte aber bis auf wenige Stücke Anfang der 1990er-Jahre wieder an seinen ursprünglichen Ort zurückgebracht werden. Rund um die Stiftskirche, die weithin sichtbar auf dem Schlossberg thront, befinden sich zahlreiche weitere Fachwerkhäuser und bilden eine sehenswerte Szenerie.

*Gut zu wissen*

### ROMANIK ERWANDERN

Für diese Ferienstraße lohnt es sich auch, die Wanderschuhe mitzunehmen. Entlang der Straße der Romanik gibt es eigens angelegte Wandertouren, auf denen man so manchen romanischen Bau zu Fuß kennenlernen kann. Ganz nebenbei genießt man noch die Landschaften der Weinregion Saale-Unstrut, die Magdeburger Börde oder die sagenhaften Täler im Harz kennen. Dort, im Ostharz, durchquert man zum Beispiel das malerische Selketal auf dem Weg zur Burg Falkenstein. Oder man begibt sich auf den Klosterwanderweg bei Ilsenburg, um nicht nur einen Blick auf das dortige Kloster, sondern auch auf die Klostergärten Drübeck zu werfen. Mit einer Länge von knapp elf Kilometern lässt sich dieser Rundweg gut an einem Tag erwandern. Der Wohnmobilstellplatz Ilsenburg ist als Ausgangspunkt – nur einen Katzensprung entfernt – ideal.

**Blick zur Stiftskirche St. Servatius auf dem Schlossberg in Quedlinburg**

In einem großen Bogen durchqueren wir anschließend den Süden von Sachsen-Anhalt und lernen auf dem Weg nach Naumburg an der Saale noch jede Menge weitere Burgen, Schlösser und Kirchen kennen. An der Saale warten nicht zuletzt die Städte Merseburg, Halle und Bernburg auf uns, bevor wir nach Magdeburg zurückkehren.

## ABSTECHER IN DEN NORDEN

Damit haben wir aber – wie anfangs schon erwähnt – gerade erst mal die Hälfte der Romanischen Straße kennengelernt. Ein kleiner Abstecher auf die nördliche Rundstrecke bringt uns noch zu Klosteranlagen bei Haldensleben, zur Pfarrkirche St. Lorenz nach Salzwedel, vor allem aber zum bedeutenden St. Mariendom in Havelberg. Wie schon zu Beginn in Magdeburg erkennen wir auch hier eine architektonische Verbindung zwischen Romanik und Gotik. Entstanden ist das Gotteshaus nämlich ab dem Ende des 13. Jahrhunderts. Dieser Bau ersetzte den romanischen Vorgänger, der bei einem Brand im Jahr 1279 weitgehend zerstört wurde. Entlang der Elbe reisen wir wieder gen Süden, stoppen noch einige Male an romanischen Bauten – etwa in Jerichow und Genthin –, bevor wir ein letztes Mal in der Landeshauptstadt Magdeburg ankommen.

**Eine ganze Insel als Campingplatz:**
**Campinginsel Havelberg,**
**Spülinsel 6, 39539 Havelberg,**
**campinginsel-havelberg.de**
**GPS: 52.82688687, 12.07010069**

**Weitere Infos: strassederromanik.de**

# Deutsche Spielzeugstraße

## Glücksmomente

Aufgrund der zahlreichen Anregungen auf dieser Route haben wir im Nachklang unseren Spieltrieb mit großer Freude an Brett-, Würfel- und Gesellschaftsspielen im Wohnmobil ausgelebt.

**TOURENLÄNGE**
490 Kilometer

**START UND ZIEL**
Von Erfurt nach Nürnberg

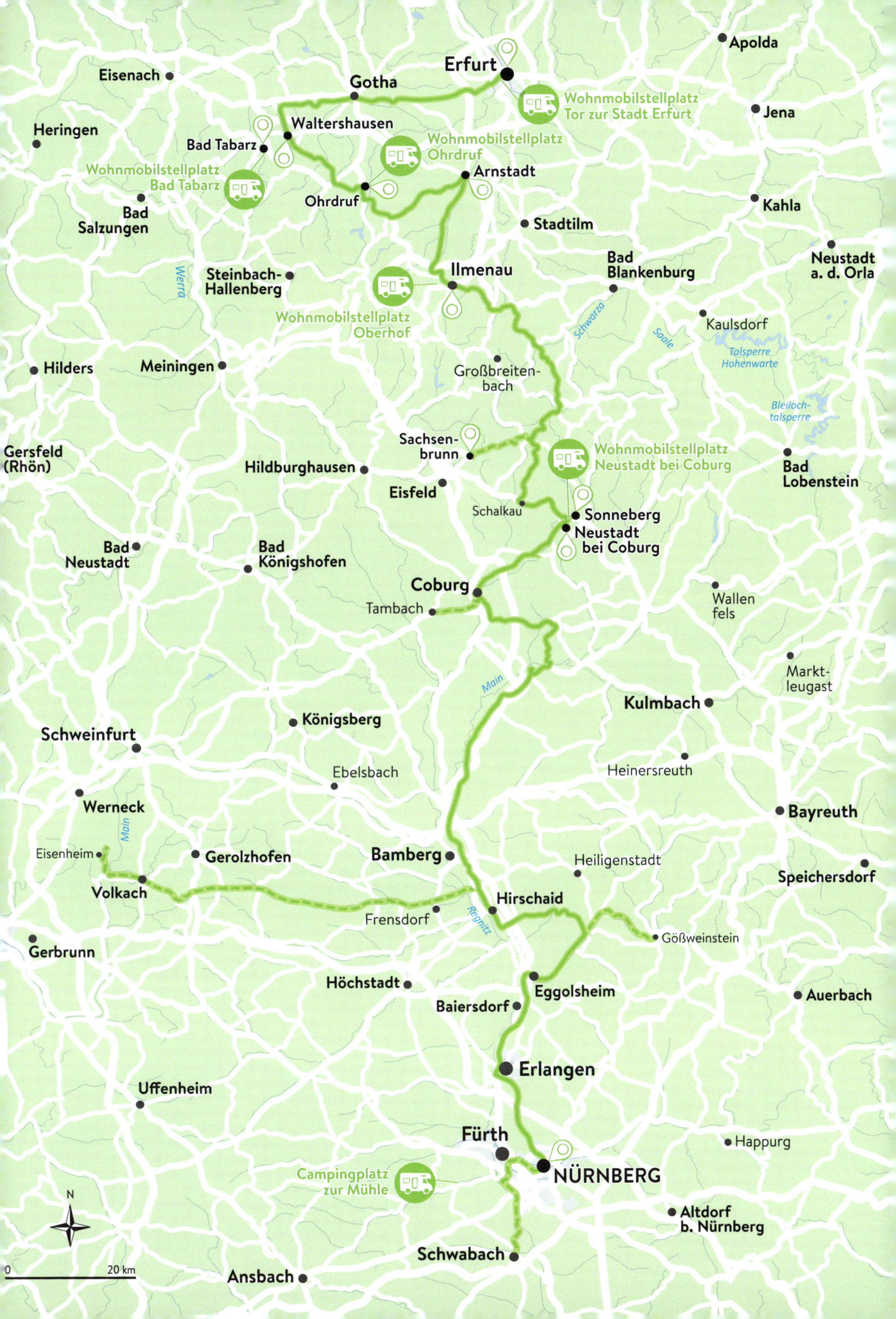

Erfurt
Apolda
Eisenach
Gotha
Wohnmobilstellplatz Tor zur Stadt Erfurt
Jena
Heringen
Waltershausen
Bad Tabarz
Wohnmobilstellplatz Ohrdruf
Arnstadt
Wohnmobilstellplatz Bad Tabarz
Bad Salzungen
Ohrdruf
Kahla
Stadtilm
Neustadt a. d. Orla
Werra
Steinbach-Hallenberg
Ilmenau
Bad Blankenburg
Wohnmobilstellplatz Oberhof
Schwarza
Saale
Kaulsdorf
Talsperre Hohenwarte
Hilders
Meiningen
Großbreitenbach
Bleiloch-talsperre
Sachsen-brunn
Wohnmobilstellplatz Neustadt bei Coburg
Gersfeld (Rhön)
Hildburghausen
Bad Lobenstein
Eisfeld
Schalkau
Sonneberg
Neustadt bei Coburg
Bad Neustadt
Bad Königshofen
Coburg
Wallen fels
Tambach
Markt-leugast
Main
Kulmbach
Königsberg
Schweinfurt
Ebelsbach
Heinersreuth
Werneck
Bayreuth
Main
Eisenheim
Gerolzhofen
Bamberg
Heiligenstadt
Speichersdorf
Volkach
Hirschaid
Frensdorf
Regnitz
Gößweinstein
Gerbrunn
Höchstadt
Eggolsheim
Auerbach
Baiersdorf
Erlangen
Uffenheim
Fürth
Happurg
Nürnberg
Campingplatz zur Mühle
Altdorf b. Nürnberg
N
Schwabach
0
20 km
Ansbach

# TRAUMREISE DURCH DIE KINDHEIT

## Wo (nicht nur) Kinderherzen höherschlagen

Zwischen der Landeshauptstadt Thüringens und der Frankenmetropole Nürnberg reisen wir durch den Thüringer und den Steigerwald bis zur Fränkischen Alb – mit zahlreichen Zwischenstopps an den »Geburtsstätten« diverser Spielzeug-Attraktionen. Schaukelpferde und Murmelmuseen versetzen uns nicht nur zurück in unsere Kindheit, wir lernen gleichzeitig international agierende Unternehmen kennen, deren Produkte heute weltweit bekannt sind.

### KLEINE VIPS AUS KINDERTAGEN

Wir starten unsere Tour im Norden, genauer gesagt in Erfurt. Die thüringische Landeshauptstadt liegt zwar nicht im Norden, doch auf der »Deutschen Spielzeugstraße« geht es von hier ausschließlich südwärts. Zunächst parken wir unser Reisemobil auf dem noch verhältnismäßig jungen Wohnmobilstellplatz mit dem vielversprechenden Namen Tor zur Stadt im Westen von Erfurt. Von dort geht es am Messegelände vorbei in das Stadtzentrum, wo wir uns natürlich den Erfurter Dom und die berühmte Krämerbrücke anschauen. Unterwegs treffen wir auf etliche »Persönlichkeiten«, die vor allem Kinder sofort erkennen. Es sind zwar keine Spielzeuge, doch dafür bekannte Figuren des Fernsehsenders KiKa. Gleich neben dem Rathaus steht beispielsweise Bernd, das Brot; er wirkt einerseits so, als wolle er einen in den Arm nehmen, andererseits mit seinem stets skeptischen Blick aber auch so, als hätte er genau davor Angst. An der Krämerbrücke haben wir die Gelegenheit, uns zum Sandmännchen zu gesellen, das auf einer Parkbank sitzt und einem den Arm um die Schulter legt. Auch die berühmte Maus und der blaue Elefant aus der *Sendung mit der Maus*, die Tigerente, Tabaluga, Käpt'n Blaubär und viele weitere Figuren sind in der Altstadt verteilt und zaubern allen ein Lächeln ins Gesicht. Wenigstens … denn traurigerweise musste

**Bloß nicht einschlafen! Das Sandmännchen kommt schließlich noch.**

das einst privat geführte Puppenstubenmuseum im Jahr 2023 nach den anstrengenden Corona-Jahren aufgeben. Schade!

**Modern, großzügig angelegt, ein guter Ausgangspunkt für eine Besichtigung Erfurts: Wohnmobilstellplatz Tor zur Stadt Erfurt, Wartburgstraße, 99094 Erfurt, erfurt-wohnmobil.de GPS: 50.956101, 10.983897**

## PUPPEN UND KINDERBUCH-FIGUREN

Wir fahren gen Westen, bis sich vor uns die bewaldeten Hügel des Thüringer Waldes erheben. Waltershausen, am Rande des Mittelgebirges gelegen, war zwei Jahrhunderte lang ein wichtiges Zentrum der Spielzeugherstellung, vor allen Dingen von Puppen. Im Schloss Tenneberg wird mit dem Puppen- und Heimatmuseum heute nicht nur an diese Zeit erinnert, sondern dort sind auch jede Menge Puppen zu sehen.

Im Nachbarort Bad Tabarz spazieren wir am Abend vom dortigen Wohnmobilstellplatz zur Märchenwiese im Lauchagrund. Sie wurde zu Ehren des Kinderbuchautors Heinrich Hoffmann angelegt, der mehrmals in Tabarz seine Sommerfrische verbracht hatte. Der *Struwwelpeter*, 1845 von Hoffmann verfasst, erzählt gereimte Geschichten, in denen Kinder schicksalhaftes Unheil erfahren, weil sie nicht brav waren. Schon allein das Titelbild, auf dem ein Junge namens Peter mit zotteligen Haaren und kurviglangen Fingernägeln abgebildet ist, wirkt erschreckend. Dabei ist die Geschichte vom Struwwelpeter noch die kürzeste, vielleicht auch eine der harmloseren Geschichten in Hoffmanns Kinderbuch. Bei der Geschichte vom Daumenlutscher werden die Daumen mit einer Schere abgeschnitten, weil der daumenlutschende Konrad nicht mit dem Lutschen aufhören will. Noch schlimmer trifft es den Suppenkasper, der die Nahrungsaufnahme verweigert und sich auf den Darstellungen von einem dicklichen Jungen zu einem Strich in der Landschaft wandelt, bevor das letzte Bild eine Suppenschüssel auf einem Grab zeigt. Auf der Tabarzer Märchenwiese im Lauchagrund sind all die ungehorsamen Kinder mit ihren Schicksalen als geschnitzte Holzfiguren zu sehen. Auf einem kleinen Rundweg kann man sich ihre Geschichte erneut vor Augen führen – ein bisschen Gruselfaktor ist garantiert.

**Auf einer großen Wiese, neben einem modernen Sanitärgebäude und dem beliebten Schwimmbad Tabbs: Wohnmobilstellplatz Bad Tabarz, Karl-Kornhaß-Straße 21, 99891 Bad Tabarz, womo-stellplatz-badtabarz.de GPS: 50.878106, 10.519518**

**Oben: Bernd, das Brot, so charmant, wie man ihn kennt. Auch auf Käpt'n Blaubär (rechts) trifft man unterwegs. Unten: Im Puppenmuseum von Schloss Tenneberg**

## SCHAUKELPFERDE IM THÜRINGER WALD

Fast parallel zum Fernwanderweg Rennsteig (s. Tipp Wandern) fahren wir mit dem Wohnmobil an der Nordostflanke des Thüringer Waldes bis Ohrdruf. Dort können wir nicht nur direkt vor dem sehenswerten Schloss Ehrenstein parken, das nach einem verheerenden Brand im Jahr 2013 wieder renoviert werden konnte und seit 2022 Besucher empfängt. Nein, der Parkplatz ist gleichzeitig ein Wohnmobilstellplatz vor der prächtigen Kulisse des Schlosses. Im Inneren des Renaissancegebäudes wird einem neben anderen Ausstellungen ein schöner Einblick in die Geschichte des örtlichen ehemaligen Spielzeugherstellers Cebaso vermittelt. Die Firma stellte noch vor rund 100 Jahren Schaukelpferde sowie Tretautos und Kaufmannsläden her. Nicht zu vergessen zahlreiche Exemplare der sogenannten »Kewpie«-Puppen, die ebenfalls zu Beginn des letzten Jahrhunderts ihren Siegeszug durch Kinderhände antraten.

**Im Thüringer Wald gibt es jede Menge Wandermöglichkeiten, sei es zum Inselsberg, zum Trusetaler Wasserfall oder auf dem Rennsteig. Letzterer ist der älteste Fernwanderweg Deutschlands und startet in der Nähe von Eisenach. Den Thüringer Wald durchquert er auf dem Rücken des Mittelgebirges bis an die Saale, wo Thüringen auf Bayern trifft.**

**Oben: Schloss Ehrenstein in Ohrdruf**
**Unten: Das Goethehäuschen am Kickelhahn ist ein beliebtes Wanderziel.**

**Kommunaler Wohnmobilstellplatz Ohrdruf: Gothaer Straße 19, 99885 Ohrdruf**
**GPS: 50.830463, 10.735491**

## WAHRLICH EIN VERGNÜGEN

Auch in Arnstadt können wir uns auf eine Zeitreise begeben, dieses Mal sogar ins 18. Jahrhundert. Auguste Dorothea von Schwarzburg bekam damals, im Alter von 33 Jahren, von ihrem Mann, dem Grafen Anton Günther II. von Schwarzburg-Sondershausen, ein Grundstück geschenkt, auf dem sie das heute nicht mehr existierende Schloss Augustenburg errichten ließ. Dort bewahrte sie ein wahres Sammelsurium von Porzellan, Schmuck und Kunsthandwerk auf. Ein halbes Jahrhundert verbrachte sie damit, aus den Exponaten das Puppenkabinett Mon plaisir zu schaffen. Dabei investierte sie nicht nur ihr gesamtes Vermögen, sondern nahm auch noch Schulden auf, die sie nie zurückzahlen konnte. Und das alles nur für »(m)ein Vergnügen«, wie es die französische Übersetzung suggeriert.

Die Sammlung, heute im Arnstädter Schloss ausgestellt, besteht aus 400 Puppen, die in über 80 sogenannten Stuben Szenen des damaligen Lebens nachstellen. Jede einzelne wurde in Handarbeit gefertigt und bekleidet. Die barocken Schaukästen zusammen ergeben eine kleine Puppenstadt, durch die der Besucher von einer Szene des 18. Jahrhunderts zur nächsten spaziert. Erstaunlicherweise wird kein Unterschied zwischen dem einfachen bäuerlichen und dem adeligen Leben gemacht. Man sieht in einer der

Puppenstuben die Fürstin bei einer Tasse Tee vor dem Kamin und in einem anderen Schaukasten Fischer an einem Kanal sitzen. Das Schloss in Arnstadt kann darüber hinaus mit einem Porzellankabinett mit rund 800 Porzellanen aus Fernost aufwarten.

**Schlossmuseum Arnstadt/Puppenstadt Mon plaisir: Schlossplatz 1, 99310 Arnstadt, thueringen.info**

## HOHER BESUCH

Unsere Reise verläuft von Arnstadt über Ilmenau, wo schon Goethe zugegen war. Der in Frankfurt geborene und in Weimar gestorbene Dichter kam nun mal viel rum. Auch in Ilmenau verbrachte er eine gewisse Zeit seines Lebens – nicht nur kurz auf der Durchreise, sondern er widmete sich unter anderem als Staatsbediensteter dem Finanzwesen der Stadt. Ob er in dieser Position damals so beliebt war wie heute? Außerdem betrieb er – streng genommen – Vandalismus. Denn weit oberhalb von Ilmenau befand sich ein Jägerhäuschen, an dessen Holzwand er am 6. September 1780 mit Bleistift ein Gedicht notierte; heute würde man ihn wohl zur Reinigung dieser Wand heranziehen. Sein Gedicht wurde berühmt, genau wie die Hütte, die man später in Goethehäuschen umtaufte. Ganze 26 Besuche von Goethe zählt das Ilmenauer Stadtarchiv, und weil sein Name untrennbar mit der Stadt verbunden ist, schuf man ihm zu Ehren ein Denkmal, das ihn vor dem Rathaus ganz entspannt sitzend zeigt. So kann sich jeder zu ihm gesellen und mit ihm zusammen den Blick über den Marktplatz schweifen lassen – beinahe wie mit dem Sandmännchen in Erfurt. Und wem das nicht genügt, der gehe auch noch zur Lindenstraße, wo am Haus Nummer 1 ein Hinweisschild verrät, dass einst Goethe dort wohnte und sogar seinen letzten Geburtstag verbrachte. Über all diese Ereignisse informiert natürlich auch das GoetheStadt-Museum, das in den ehemaligen Büroräumen Goethes untergebracht ist.

**GoetheStadtMuseum Ilmenau: Am Markt 1, 98693 Ilmenau, ilmenau.de**

**Der Wohnmobilstellplatz Oberhof ist ein guter Ausgangspunkt für Touren nach Arnstadt und Ilmenau sowie Wanderungen im Thüringer Wald: Jahnstraße 7, 98559 Oberhof, wohnmobilstellplatz-oberhof.de GPS: 50.702419, 10.727221**

## VON MUSEUM ZU MUSEUM

Über Neuhaus am Rennweg verläuft unsere Reise einmal quer zur westlichen Seite des Thüringer Waldes, genauer gesagt nach Sachsenbrunn. Im Murmelmuseum werden Kugeln beziehungsweise Murmeln in

Oben: Das Spielzeugmuseum in Zirndorf
Unten: Vor dem Spielzeugmuseum Nürnberg (links) und im Murmelmuseum Sachsenbrunn

MUSEUM
LEGO® - kleine Steine mit System!
Museum Zirndorf

zahlreichen Farben und Größen und aus verschiedenen Materialien gezeigt. Untergebracht ist die Ausstellung passenderweise in den Kellerräumen einer ehemaligen Märbelmühle, in der früher Murmeln in sich drehenden Holzbottichen hergestellt wurden. Angetrieben wurden die Holzfässer durch drei Mühlräder. Dass sich das kleine Privatmuseum an der »Deutschen Spielzeugstraße« befindet, ist eher Zufall, denn die Herstellung von Murmeln diente ursprünglich nicht nur dem Freizeitvergnügen, sondern ganz im Gegenteil auch als Munition für die Artillerie in der ersten Hälfte des 19. Jahrhunderts. Diese Murmeln waren selbstverständlich nicht so schön bunt und aus Glas wie die, die wir heute zum Spielen kennen, doch genauso rund, wie man es von einer Kugel erwartet.

**Murmelmuseum Sachsenbrunn: Zur Märbelmühle 1, 98673 Eisfeld OT Sachsenbrunn, murmelmuseum.info**

Natürlich darf auf der »Deutschen Spielzeugstraße« auch ein Besuch des 1901 gegründeten Deutschen Spielzeugmuseums in einem sehenswerten Altbau in Sonneberg nicht fehlen. Es besitzt die älteste Spielzeugsammlung Deutschlands und zeigt sowohl alte Spielzeuge als auch solche aus der Gegenwart. Dass dieses Museum ausgerechnet in Sonneberg steht, ist kein Zufall – die Stadt kann auf eine lange Tradition der Spielzeugherstellung zurückblicken. Höhepunkt der Ausstellung ist eine 67-köpfige Figurengruppe namens Thüringer Kirmes. Fast lebensgroße Figuren ziehen über einen Dorfplatz des frühen 20. Jahrhunderts in Thüringen und kündigen mit ihrem (für damalige Verhältnisse) exotischen Aussehen eine Kirmes an. Die Gruppe wurde zu Beginn des letzten Jahrhunderts für die im Jahr 1910 stattfindende Weltausstellung in Brüssel geschaffen und dort mit einem Preis ausgezeichnet.

**Deutsches Spielzeugmuseum: Beethovenstraße 10, 96515 Sonneberg, deutschesspielzeugmuseum.de**

Wenig später verlassen wir Thüringen und steuern das Wohnmobil durch Bayern bzw. Franken weiter gen Süden. In Neustadt bei Coburg geht es gleich mit dem nächsten Museum weiter: dem Museum der Deutschen Spielzeugindustrie, das aus einem Trachtenpuppenmuseum hervorgegangen ist. Coburg ist übrigens ein gutes Stichwort, denn dort findet alljährlich Mitte Mai das Internationale Puppenfestival statt, das – unter anderem mit einer umfangreichen Sammlerbörse – eine ganze Woche dauert. Mit dabei ist etwa die lokale Firma EBO, die Plüschtiere herstellt. Beim Werksverkauf im nahe gelegenen Rödental haben wir prompt einen neuen Begleiter für die Sitzgruppe im Wohnmobil gefunden.

**Museum der Deutschen Spielzeugindustrie: Hindenburgplatz 1, 96465 Neustadt bei Coburg, spielzeugmuseum-neustadt.de**

**Einfacher Stellplatz, nur 400 Meter vom Museum der Deutschen Spielzeugindustrie entfernt: Wohnmobilstellplatz Neustadt bei Coburg, Schützenplatz, 96465 Neustadt bei Coburg GPS: 50.324474, 11.127415**

Die »Deutsche Spielzeugstraße« bietet noch einige Abstecher, zum Beispiel nach Schweinfurt, Obereisenheim oder auch Bayreuth, bevor am Ende der Wohnmobilreise Nürnberg erreicht ist. Auch in der Metropole steht natürlich der Besuch im Spielzeugmuseum ganz oben auf der To-do-Liste, während westlich der Stadt der Playmobil-FunPark, ein Freizeitpark des berühmten Spielzeugherstellers, Kinderherzen höherschlagen lässt.

**Spielzeugmuseum, Karlstraße 13–15, 90403 Nürnberg, museen.nuernberg.de**

**Playmobil-FunPark: Brandstätterstraße 2–10, 90513 Zirndorf, playmobil-funpark.de**

**Der Playmobil-FunPark ist fußläufig erreichbar, Nürnberg mit dem ÖPNV: Campingplatz zur Mühle, Seewaldstraße 75, 90513 Zirndorf, camping-zur-muehle.de GPS: 49.431692, 10.925979**

**Weitere Infos: spielzeugstrasse.de**

# Straße der deutschen Sprache

## Glücksmomente

Dank Erika Fuchs haben wir auch mit Comics einiges über die Sprache gelernt! Ein lautes »Klatsch-klatsch« für sie und das Comicmuseum in Schwarzenbach an der Saale.

**TOURENLÄNGE**
1180 Kilometer

**START UND ZIEL**
Schweinfurt

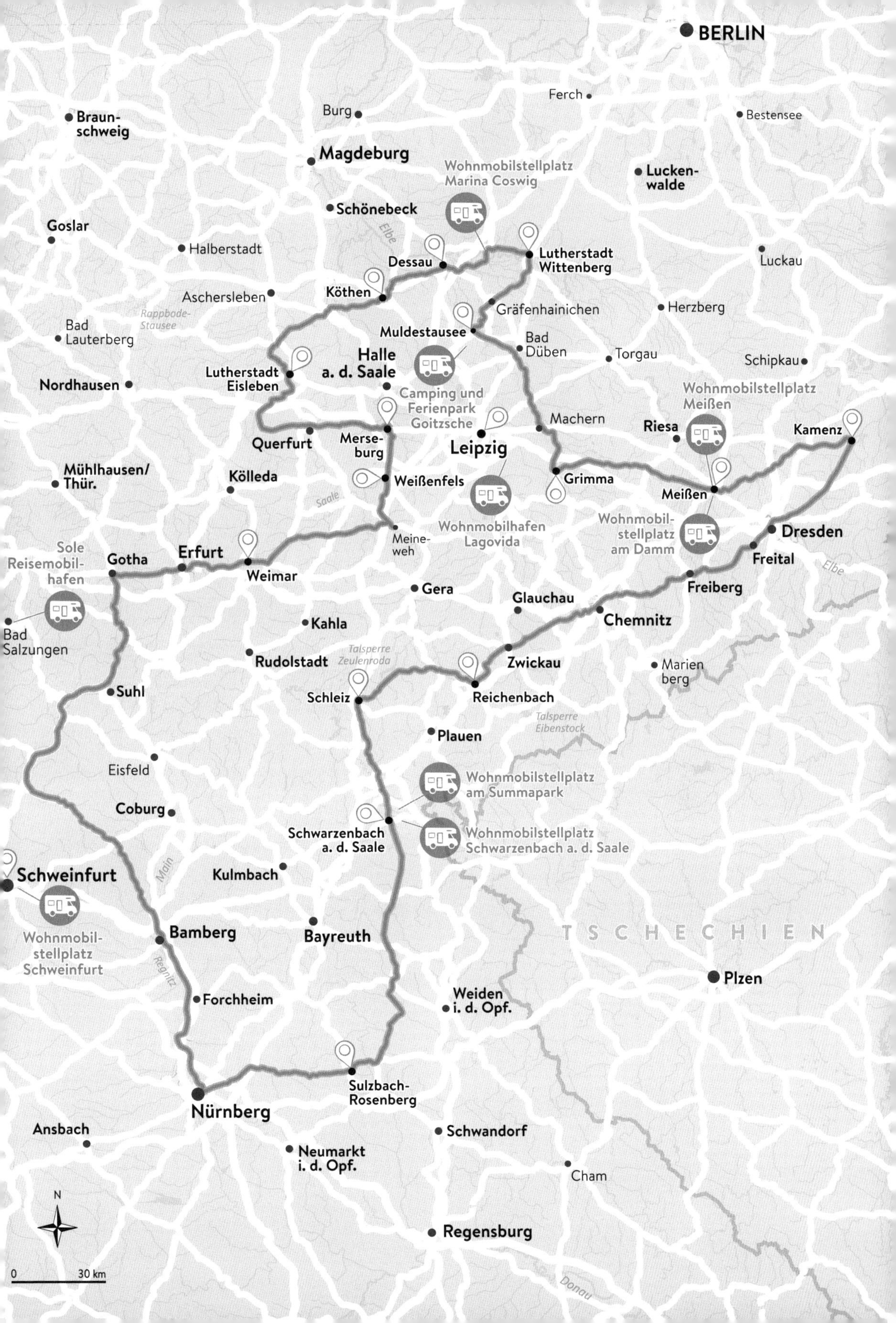

BERLIN
Ferch
Bestensee
Braunschweig
Burg
Magdeburg
Wohnmobilstellplatz Marina Coswig
Luckenwalde
Schönebeck
Goslar
Halberstadt
Elbe
Dessau
Lutherstadt Wittenberg
Luckau
Köthen
Aschersleben
Rappbode-Stausee
Gräfenhainichen
Herzberg
Bad Lauterberg
Muldestausee
Bad Düben
Torgau
Schipkau
Halle a. d. Saale
Lutherstadt Eisleben
Nordhausen
Camping und Ferienpark Goitzsche
Wohnmobilstellplatz Meißen
Machern
Riesa
Kamenz
Querfurt
Merseburg
Leipzig
Mühlhausen/ Thür.
Kölleda
Weißenfels
Grimma
Meißen
Saale
Wohnmobilhafen Lagovida
Wohnmobilstellplatz am Damm
Dresden
Sole Reisemobilhafen
Gotha
Erfurt
Meineweh
Freital
Weimar
Elbe
Gera
Freiberg
Glauchau
Bad Salzungen
Kahla
Chemnitz
Rudolstadt
Talsperre Zeulenroda
Zwickau
Marienberg
Suhl
Schleiz
Reichenbach
Talsperre Eibenstock
Plauen
Eisfeld
Wohnmobilstellplatz am Summapark
Coburg
Schwarzenbach a. d. Saale
Wohnmobilstellplatz Schwarzenbach a. d. Saale
Schweinfurt
Main
Kulmbach
Wohnmobilstellplatz Schweinfurt
Bamberg
Bayreuth
TSCHECHIEN
Regnitz
Plzen
Forchheim
Weiden i. d. Opf.
Sulzbach-Rosenberg
Nürnberg
Ansbach
Schwandorf
Neumarkt i. d. Opf.
Cham
N
Regensburg
0
30 km
Donau

FRIEDRICH
RÜCKERT

# VON FRIEDRICH RÜCKERT BIS ERIKA FUCHS

## Eine erlesene Rundtour durch die Kulturgeschichte

Auf der »Straße der deutschen Sprache« geht es nicht nur sprachlich rund, auch die Strecke verläuft im Kreis. Und sie eignet sich als ideale Anschlusstour für alle, die auf der »Straße der Romanik« oder der »Deutschen Spielzeugstraße« unterwegs waren. Genau deshalb starten wir die Reise durch die Sprache unseres Landes in Schweinfurt.

### DICHTER UND SPRACHGELEHRTE

Der erste Stellplatz, an dem wir unser Wohnmobil abstellen und übernachten können, liegt direkt am Main. Nach der Anreise wollen wir zunächst in die Altstadt von Schweinfurt, die wir zu Fuß über die Maxbrücke erreichen. Als Erstes entdecken wir das Kunstmuseum Georg Schäfer – auch interessant, doch eigentlich wollen wir wissen, warum Schweinfurt Teil der »Straße der deutschen Sprache« ist. Kurz hinter dem Museum erfahren wir es, denn an der Ecke, wo sich der Marktplatz der Altstadt ausbreitet, befindet sich das Geburtshaus von Friedrich Rückert. Dort zweigt auch die nach ihm benannte Einkaufsstraße ab, während sich mitten auf dem Marktplatz die unübersehbare Skulptur des Dichters und Orientalisten erhebt. Der im Jahr 1788 geborene Sprachgelehrte galt als Sprachgenie und hat sich mit mehr als 40 Sprachen sprachwissenschaftlich auseinandergesetzt.

**Wohnmobilstellplatz Schweinfurt:**
**Hutrasen, 97424 Schweinfurt,**
**womo-schweinfurt.de**
**GPS: 50.038511, 10.234732**

Das Denkmal des Dichters Friedrich Rückert am Marktplatz von Schweinfurt

Eine stolze Leistung, die wir auf dieser Reise nicht schaffen werden, aber ein wenig mehr wollen wir uns dennoch mit der Sprache befassen. Also reisen wir am nächsten

Morgen gen Norden weiter, fahren durch die malerische Rhön, überqueren den Thüringer Wald und legen einen Zwischenstopp im thüringischen Gotha ein. Die Stadt hat eine lange Verlegergeschichte vorzuweisen und beherbergt eine Forschungsbibliothek im Ostflügel von Schloss Friedenstein, in der zahlreiche mittelalterliche Handschriften aufbewahrt werden.

**Forschungsbibliothek Gotha: Schloss Friedenstein, Schlossplatz 1, 99867 Gotha, uni-erfurt.de**

Weiter nach Osten durchqueren wir die Landeshauptstadt, die wir bereits auf der »Deutschen Spielzeugstraße« besucht haben (s. S. 80), und steuern das Wohnmobil weiter nach Weimar. Hier nehmen wir uns wieder etwas mehr Zeit, denn die Stadt steht nachgerade für Kultur. Kein Wunder, dass sie nach der Wiedervereinigung die erste deutsche Stadt war, die zur Kulturhauptstadt Europas gewählt wurde. Und dass wir hier die Bauhaus-Stätten besichtigen können, die auf der Welterbeliste der UNESCO verzeichnet sind, sei hier nur am Rande erwähnt. Denn auf dieser Tour geht es um die deutsche Sprache, und die leitet uns zum ältesten Literaturarchiv Deutschlands. Benannt nach Johann Wolfgang von Goethe und Friedrich Schiller, kann es ohne Voranmeldung besichtigt werden. Regelmäßig werden aber auch öffentliche Touren durch das Archiv angeboten, das zahlreiche Nachlässe bedeutender Autoren beinhaltet. Schiller und Goethe sind natürlich aus Weimar nicht wegzudenken. Beide sind in der ersten Hälfte des 19. Jahrhunderts in der Stadt verstorben, und so spazieren wir durch die Altstadt, um für einen Moment am Goethe-Schiller-Denkmal innezuhalten.

**Goethe- und Schiller-Archiv: Jenaer Straße 1, 99425 Weimar, klassik-stiftung.de**

**Auf dem Weg durch die Rhön kann man als kleinen Abstecher einen wunderbaren Aufenthalt auf dem gepflegten Sole Reisemobilhafen nahe dem Gradierwerk in Bad Salzungen einlegen: Vordere Teichgasse, Am Flößrasen 5, 36433 Bad Salzungen, sole-reisemobilhafen.de GPS: 50.815447, 10.237697**

## AUF DEN SPUREN MARTIN LUTHERS

Auf unserer weiteren Reise durchqueren wir kleinere Ortschaften, in denen Verleger und Philosophen tätig waren, und besuchen in Weißenfels an der Saale die Novalis-Gedenkstätte. Er zählt zu den bedeutendsten Schriftstellern der Frühromantik und verstarb bereits in seinen Zwanzigern in Weißenfels. Die Domstadt Merseburg, unser nächstes Ziel, wird im Zusammenhang mit der deutschen Sprache wegen der sogenannten *Merseburger Zaubersprüche* erwähnt. Sie gelten als das älteste althochdeutsche Sprachzeugnis germanischen Heidentums.

Von Merseburg aus drehen wir eine weitläufige Schleife um Halle an der Saale. Im Uhrzeigersinn folgen zunächst Bad Lauchstädt und Allstedt, bis wir in der Lutherstadt Eisleben Station machen, wo Martin Luther nicht nur zur Welt kam, sondern auch verstarb. Der Reformator hat die neuhochdeutsche Sprache entscheidend beeinflusst und bekanntlich die Bibel übersetzt. Beim Besuch der Stadt gehört es also zum Pflichtprogramm, Luthers Geburtshaus zu besuchen. Zwar ist das originale Geburtshaus bei einem Stadtbrand zerstört worden, aber das neuere Gebäude ist nicht minder interessant und gibt einen umfassenden Einblick in das Leben und Wirken des Reformators.

**Luthers Geburtshaus: Lutherstraße 15, 06296 Lutherstadt Eisleben, luthermuseen.de**

Um Luther noch ein wenig durch sein Leben zu begleiten, besuchen wir auf der Ferienstraße sein Elternhaus in Mansfeld. Danach ist Köthen unser nächstes Ziel, genauer gesagt das dortige Schloss. Es beherbergt mehrere interessante Ausstellungen, allen voran die Erlebniswelt Deutsche Sprache. Hier erfahren wir alles über die Neue Fruchtbringende Gesellschaft, die die Tradition der im 17. Jahrhundert bestehenden Fruchtbringenden Gesellschaft fortführt. Mit Lesungen, Vorträgen und unterschiedlichen Sprachaktionen versucht sie, ein Bewusstsein für die deutsche Sprache zu schaffen.

**Erlebniswelt Deutsche Sprache: Schloss Köthen, Schloßplatz 4, 06366 Köthen, erlebniswelt-deutsche-sprache.de**

Über Dessau, wo sich die Wissenschaftliche Bibliothek mit einer umfangreichen Sammlung historischer Originale befindet, landen wir wenig später mit dem Wohnmobil wieder bei Martin Luther. Bekanntlich hat er in der Lutherstadt Wittenberg seine Thesen an die Tür der Schlosskirche geschlagen. Aber nicht nur die Kirche lockt uns in diese Stadt, sondern auch das Lutherhaus und das Melanchthon-Haus. Der theologische Autor, der an der Universität tätig war, starb 1560 in dem Renaissancegebäude, das heute ebenfalls ein Museum beinhaltet. Außerdem besuchen wir die Luthereiche, an der der Reformator die päpstliche Bulle verbrannt hat. Der Baum ist allerdings nicht ganz so alt, wie er eigentlich sein müsste; er wurde 1830 neu gepflanzt, nachdem die Franzosen wenige Jahrzehnte zuvor die originale Luthereiche gefällt hatten. Neben Lutherhaus, Schlosskirche und Melanchthon-Haus gehört auch die Stadtkirche St. Marien zu den UNESCO-Weltkulturerbestätten – für die Lutherstadt Wittenberg sollte man also viel Zeit mitbringen.

**Am Ufer der Elbe, idealer Ausgangspunkt für Dessau und Wittenberg: Wohnmobilstellplatz Marina Coswig, Elbstraße 19, 06869 Coswig (Anhalt), marina-coswig.de GPS: 51.880567, 12.435959**

## JEDE MENGE BÜCHER

Über Gräfenhainichen, wo im Jahr 1607 der Kirchenliederdichter Paul Gerhardt zur Welt kam, verläuft die »Straße der deutschen Sprache« weiter nach Mühlbeck-Friedersdorf. Diese beiden Ortsteile der Gemeinde Muldestausee liegen malerisch zwischen zwei Seen und gelten als das erste Bücherdorf Deutschlands. Ende der 1990er-Jahre wurde hier ein mittlerweile wieder aufgelöster Förderverein gegründet, mit dem gleichzeitig 13 Antiquariate in den beiden kleinen Orten bestanden. Leider sind von diesen nur noch drei in Mühlbeck, vorhanden, und selbst diese drei Antiquariate suchen dringend Nachfolger. Um das Bücherdorf ist es also nicht gut bestellt. Ein Grund mehr, sich intensiv mit der deutschen Sprache zu befassen. Zum richtigen Zeitpunkt, üblicherweise im Frühjahr, können wir thematisch passend unsere Reise auch noch mit einem Besuch der Leipziger Buchmesse garnieren. Aber auch außerhalb der Messezeit legen wir dort gerne einen Zwischenstopp ein, besuchen das Völkerschlachtdenkmal und übernachten auf den Wohnmobilstellplätzen an den neuen Seen im Süden von Leipzig.

**Richtig viel zu lesen bekommt man auf der Buchmesse in Leipzig.**

**Vom Camping und Ferienpark Goitzsche ist es nur ein kurzer Spaziergang am Seeufer entlang, bis man zu den verbliebenen Antiquariaten gelangt: Niemegker Straße 24, 06749 Bitterfeld-Wolfen, ferienpark-goitzsche.de GPS: 51.615904, 12.341323**

**Der gepflegte Wohnmobilhafen Lagovida befindet sich am Südufer des Störmthaler Sees südlich von Leipzig: Hafenstraße 1, 04463 Großpösna GPS: 51.225077, 12.447519**

## LESUNGEN UNTER FREIEM HIMMEL

Die nächste Station auf der Ferienstraße ist Grimma. Dort ging der bereits erwähnte Kirchenliederdichter Paul Gerhardt zur Schule, bekannter ist der Ort jedoch für Georg Joachim Göschen. Der Verleger arbeitete eng mit Schiller, Goethe und dem Dichter Friedrich Gottlieb Klopstock zusammen. Wir halten es wie Friedrich Schiller, der im Jahr 1801 den Sommersitz von Göschen besuchte. Denn in dem einstigen Wohnhaus ist ein kleines Museum untergebracht, das außerdem mit einem großen klassizistischen Garten begeistert.

Wer die Buchmesse in Leipzig verpasst hat, wird im Sommermonat Juni vielleicht den richtigen Zeitpunkt erwischen, um in Meißen am Literaturfest teilnehmen zu können. In den Gassen der historischen Altstadt finden dann zahlreiche Open-Air-Lesungen statt, an denen mehrere Tausend Menschen teilnehmen. Der einzige Abstecher auf der

Ferienstraße führt von Meißen aus nach Osten in die Stadt Kamenz, wo wir uns auf die Spuren von Gotthold Ephraim Lessing begeben, der 1729 in der Stadt geboren wurde. Am Rande der kleinen Altstadt, nur wenige Schritte vom Wohnmobilstellplatz entfernt, informiert ein Museum über sein Leben und Wirken.

**Lessing Museum Kamenz: Lessingplatz 1–3, 01917 Kamenz, lessingmuseum.de**

**Ohne große Ausstattung, dafür mit bestem Blick auf die Elbe und gleich unterhalb des Domberges: Wohnmobilstellplatz Meißen, Hochuferstraße, 01662 Meißen GPS: 51.166023, 13.473621**

**Klein, Teil eines Parkplatzes, ruhig am Rande der Altstadt gelegen: Wohnmobilstellplatz am Damm, Am Damm, 01917 Kamenz GPS: 51.270126, 14.090631**

Auf dem Rückweg zur Rundstrecke legen wir noch einen kleinen Zwischenstopp ein. Wenn wir schon so nah an der sächsischen Hauptstadt Dresden vorbeifahren, wollen wir zumindest einen Blick in das Zentrum mit dem Zwinger und der Frauenkirche werfen. Danach müssen wir aber zügig weiter, denn die nächsten Stationen auf der Ferienstraße liegen etwas weiter auseinander: zunächst Reichenbach im Vogtland, wo Ende des 17. Jahrhunderts die Autorin Friederike Caroline Neuber zur Welt kam, vor allem aber Schleiz. Im dortigen Rutheneum, dem heutigen Museum, schuf ein gewisser Dr. Konrad Duden das nach ihm benannte Werk über die Rechtschreibregeln.

**Rutheneum: Kirchplatz 4, 07907 Schleiz, rutheneum-schleiz.de**

## ÄCHZ, STÖHN, KEUCH

Wieder zurück in Bayern, stoppen wir das Wohnmobil auf einem sehr kleinen Wohnmobilstellplatz in Schwarzenbach an der Saale und befassen uns mit einer ganz anderen Form der Sprachkunst. Wer über die A9 angereist ist, wurde schon auf der Autobahn auf die vielleicht berühmteste Comicfigur der Welt aufmerksam gemacht. Doch was hat Schwarzenbach an der Saale mit Donald Duck zu tun? Die Übersetzerin Erika Fuchs, die die Comics von Carl Barks ins Deutsche übertrug, lebte im Ort und liegt auf dem kleinen Friedhof begraben. Sie wurde für ihren »Erikativ« bekannt, mit dem sie Begriffe wie Ächz und Stöhn schuf. Mit etlichen Zitaten und literarischen Anspielungen hauchte sie den deutschen Übersetzungen darüber hinaus einen ganz besonderen Charme ein. In der Saale steht eine Skulptur von Emil Erpel, dem Gründer von Entenhausen, und nur wenige Schritte entfernt freut sich das Museum für Comic und Sprachkunst im Erika-Fuchs-Haus auf große und kleine Besucher.

Erika-Fuchs-Haus – Museum für Comic und Sprachkunst: Bahnhofstraße 12, 95126 Schwarzenbach an der Saale, erika-fuchs.de

Der vielleicht kleinste Stellplatz der Welt bietet nur einem Wohnmobil oder maximal zwei Kastenwagen Platz und befindet sich mitten im Zentrum: Wohnmobilstellplatz Schwarzenbach an der Saale, Fleischgasse 3, 95126 Schwarzenbach an der Saale
GPS: 50.223162, 11.932896

Etwas mehr Fläche, sogar mit Sanitärgebäude, findet man im Nachbarort: Wohnmobilstellplatz am Summapark, Fabrikstraße 12, 95145 Oberkotzau
GPS: 50.263534, 11.938767

Sulzbach-Rosenberg ist schließlich der letzte Ort auf der Reise, bevor wir nach Schweinfurt zurückkehren. Hier entstand die Gestaltung des scharfen ß, wie wir es heute noch kennen – der einzige Buchstabe übrigens, den es nur in der deutschen Sprache gibt.

Weitere Infos:
strasse-der-deutschen-sprache.de

*Gut zu wissen*

**LEIPZIG LIEST**

Ein idealer Zeitpunkt, um die Straße der deutschen Sprache zu bereisen, ist der März. Zumindest dann, wenn man das Thema mit einem Besuch der Leipziger Buchmesse weiter vertiefen möchte. Schon im 17. Jahrhundert fand eine erste Ausstellung statt; damals überstieg die Anzahl der dort präsentierten Bücher sogar die der Frankfurter Buchmesse, die es in der heutigen Form so natürlich noch nicht gab. Doch an beiden Standorten ging es eben schon früh um das Thema Buch. Erst mit der deutschen Teilung überflügelte die Frankfurter Messe den Standort Leipzig, doch auch während der DDR-Zeit gab es die Messe, und sie wurde selbst von westdeutschen Journalisten besucht. Mittlerweile kommen jährlich rund 200.000 Interessierte zur Leipziger Buchmesse. Die Zahl an Ausstellern und Besuchern steigt stetig, nicht zuletzt wegen der Manga-Comic-Convention, die seit 2014 Teil der Buchmesse ist. Stets aktuelle Angaben zu Öffnungszeiten und Besuchertagen findet man auf der Webseite www.leipziger-buchmesse.de.

# Deutsche Fachwerkstraße

## Glücksmomente

Weiß verputztes Mauerwerk, durchzogen von roten oder schwarzen Holzbalken – Fachwerkhäuser haben ihren ganz eigenen Charakter und vermitteln dem Betrachter Behaglichkeit. So gemütlich wird auch diese Tour.

**TOURENLÄNGE**
3.500 Kilometer

**START UND ZIEL**
Von Stade nach Meersburg

50 km
N
NORDSEE
OSTSEE
Rügen
Fehmarn
Kiel
Wohnmobilstellplatz Am Schiffertor
Rostock
Lübeck
Wismar
Cuxhaven
Ostfriesische Inseln
HAMBURG
Bremerhaven
Stade
Schwerin
Müritz
Leeuwarden
Wohnmobilstellplatz Hitzacker (Elbe)
Groningen
Bremen
Hitzacker (Elbe)
Oldenburg
NIEDERLANDE
Ijselmeer
Wohnmobilstellplatz Celle
Celle
BERLIN
Amsterdam
Wolfsburg
Hannover
Enschede
Utrecht
Osnabrück
Minden
Magdeburg
Münster
Wohnmobil-stellplatz Einbeck
Campingplatz Eulenburg
Nijmegen
Osterode am Harz
Dessau
Einbeck
Paderborn
Stolberg
Questenberg
Dortmund
Roßla
Leipzig
Esch-wege
Mühlhausen
Remscheid
Fritzlar
Bad Langensalza
Rotenburg a. d. Fulda
Erfurt
Köln
Siegen
Schwalmstadt
Schmalkalden
Caravan-Stellplatz Im Schneidmühlengrund
Maastricht
BELGIEN
Koblenz
TSCHECHIEN
Frankfurt a. Main
Mainz
LUXEM-BURG
Würzburg
Wertheim a. Main
Miltenberg
Erlangen
Luxemburg
Heidelberg
Nürnberg
Saarbrücken
Metz
Bietigheim-Bissingen
Backnang
Regensburg
Stuttgart
Ingolstadt
Nancy
Kirchheim unter Teck
Wohnmobilstellplatz Blaubeuren
Strasbourg
Augsburg
FRANKREICH
Bad Urach
Blaubeuren
MÜNCHEN
Chiemsee
Freiburg
Grd. Ballon 1424
Mulhouse
Meersburg
Konstanz
Bodensee
Belfort
Basel
Zürich
Zugspitze 2962
Besançon
SCHWEIZ
Zürichsee
ÖSTERREICH
Luzern

KUNSTHAUS

# ZEUGNISSE EINER ALTEN HANDWERKSKUNST

## Im Zickzack von der Elbe bis an den Bodensee

Die »Deutsche Fachwerkstraße« ist vermutlich die bekannteste und definitiv die längste Ferienstraße im Land. Wer ihr komplett folgt, legt satte 3.900 Kilometer zurück. Das ist beachtlich, wenn man bedenkt, dass man zwischen Stade an der Elbe und Meersburg am Bodensee nicht einmal 900 Kilometer zu fahren hätte. Doch die »Deutsche Fachwerkstraße« besteht aus acht Teilstrecken, die sich über sieben Bundesländer erstrecken und teilweise nicht direkt miteinander verbunden sind. Ein klassisches Befahren von A bis Z ist also gar nicht möglich. Stattdessen werden wir zumindest einen Teil der »Deutschen Fachwerkstraße« kennenlernen.

### SPAZIERGANG DURCH STADE

Wir beginnen unsere Reise auf dem niedersächsischen Teil der »Deutschen Fachwerkstraße«, der eigentlich einen Rundkurs markiert, und starten am nördlichsten Punkt in Stade, wo wir sofort den im Westen der Altstadt gelegenen Wohnmobilstellplatz am Schiffertor ansteuern. Nur wenige Minuten spazieren wir von dort in das gemütliche Zentrum der Stadt. Erstmalig erwähnt wurde Stade Ende des 10. Jahrhunderts, als es von den Wikingern geplündert wurde. Damals hatte die Stadt eine große Bedeutung, beherbergte die Siedlung doch den wichtigsten natürlichen Hafen an der Unterelbe und lag in unmittelbarer Nähe zu wichtigen Handelswegen.

**Rund um den Hansehafen in Stade gibt es Fachwerk, wohin man auch schaut.**

Die Altstadt ist von zahlreichen Fachwerkhäusern geprägt, die auf das 17. Jahrhundert zurückgehen, nachdem ein verheerender Stadtbrand im Jahr 1659 weite Teile der Stadt zerstörte. Einen besonders schönen Eindruck von Stade erhalten wir am alten Hansehafen. An dessen nördlichem und westlichem Ufer, auch Wasser West genannt, erheben sich sogar noch Gebäude aus dem 15. Jahrhundert. Nach der verheerenden Sturmflut im Jahr 1962 und der damit verbundenen Überschwemmung der nördlichen Altstadt baute man ein Wehr, wodurch der Hafen nicht mehr schiffbar ist. Dennoch ist er bis heute als Treffpunkt sehr beliebt und bietet an seinen Kaimauern zahlreiche Einkehrmöglichkeiten.

Der alte Holzkran am Ende des Hafens wurde sogar erst im Jahr 1977 gebaut, also viele Jahre, nachdem der Hafen als solcher nicht mehr nutzbar war. Daher fehlt ihm auch die Mechanik im Inneren. Dennoch gibt er ein schönes Bild ab und erinnert an die Zeit bis zum Jahr 1898 als der damalige Be- und Entladungskran abgerissen wurde. Das ehemalige Garnisonshaus der Schweden entstand hingegen Ende des 17. Jahrhunderts, präsentiert sich aber anstatt mit Fachwerk mit einer barocken Backsteinfassade. Wo einst Getreide gelagert wurde, können wir heute unter anderem eine archäologische Ausstellung über die Region besichtigen. Neben dem Fischmarkt hinter dem Holzkran erhebt sich die Stader Stadtwaage, die einst als Zollhaus diente.

**In Altstadtnähe, modernes Servicegebäude: Wohnmobilstellplatz Am Schiffertor, Schiffertorsstraße 21, 21682 Stade**
**GPS: 53.602780, 9.466092,**

**Im Osten der Altstadt befindet sich der Stadthafen, der als Ausgangspunkt für verschiedene Tagesfahrten mit dem dort liegenden Museumsschiff *Greundiek* dient.**

## BEI DEN 40 ZWERGEN

Auch der Ort Hitzacker liegt an der Elbe und ist ähnlich schön wie Stade, allerdings auf eine etwas kleinere Art und Weise. Die Altstadt besteht nur aus wenigen Gassen bzw. Straßen, zeigt sich aber ebenfalls mit sehenswerter Fachwerkarchitektur und ist darüber hinaus malerisch vom Wasser des Flusses Jeetzel umgeben, der nur wenige Meter entfernt an der Personenfähre in die Elbe mündet. Idealerweise liegt der Wohnmobilstellplatz nah am Altstadtrand, sodass man das städtische Kleinod bequem besichtigen kann.

Erwähnenswert sind die 40 Zwerge, die im gesamten Stadtgebiet verteilt sind. Die aus Bronze geschaffenen Skulpturen tragen alle einen Namen und haben etwas gemein mit dem jeweiligen Gebäude, vor dem sie aufgestellt wurden. So schlendert man zum Beispiel am Zahnarztzwerg vorbei zum Fahrradzwerg oder besucht den Schifferzwerg, der am Schiffermast salutiert. Auch vor so manchem Privathaus in den Wohnvierteln rund um die Altstadt fühlen sich die kleinen Gesellen offensichtlich wohl.

**Oben: Den tollen Ausblick über Hitzacker (links) kennt wohl auch einer der über 40 Zwerge in der Stadt.**
**Unten: Im Zentrum von Stade**

Bei der Tourismusinformation erhält man einen Flyer, mit dem man auf Zwergen-Rallye gehen kann, um anschließend einen Preis zu gewinnen.

**Ruhig gelegen, meist zu klein: Wohnmobilstellplatz Hitzacker (Elbe), Bleichwiese, 29456 Hitzacker (Elbe)**
**GPS: 53.149487, 11.051109**

## SCHLOSSBESICHTIGUNG IN CELLE

Die nächste Station auf unserer Fachwerk-Reise liegt weiter südlich: Celle. Dort ist es ab dem Stellplatz nur ein kurzer Spaziergang durch den Französischen Garten, um die Altstadt mit ihren unzähligen Fachwerkbauten zu erreichen. Im Westen wird sie vom vierflügeligen Celler Schloss begrenzt, das sich aus einem befestigten Wehrturm des 10. Jahrhunderts heraus entwickelte. Die Entstehungsgeschichte kann man sehr gut aus den Sälen und Räumlichkeiten ablesen, die die verschiedenen Bauphasen des Schlosses widerspiegeln. In einem der Gebäudeflügel ist heute das Residenzmuseum untergebracht, das eine umfangreiche Ausstellung über die Geschichte der Welfen zeigt. Besonders beeindruckend ist die farbenfrohe Ausgestaltung der Schlosskapelle.

Oben: Schönes Fachwerk mit Blick auf die St. Aegidienkirche in Osterode
Unten: Auch ohne Fachwerk imponierend – das Schloss in Celle

**Celler Schloss: Schloßplatz 1, 29221 Celle, celle.de**
**Residenzmuseum im Celler Schloss: residenzmuseum.de**

**Modern, sehr beliebt, 45 Stellflächen und jede Menge Service: Wohnmobilstellplatz Celle, 77er Straße 36, 29221 Celle, womo-celle.de**
**GPS: 52.617656, 10.083126**

## ABSTECHER IN DEN HARZ

Der niedersächsische Teil der »Deutschen Fachwerkstraße« berührt auch den Harz, wo sich am südwestlichen Hang des Mittelgebirges beispielsweise die Stadt Osterode am Harz befindet – die Stadt also, die den Harz in ihrem Namen trägt. Die Altstadt ist überschaubarer als die deutlich größere in Goslar, bietet aber dennoch einige schöne Sehenswürdigkeiten, zum Beispiel das Harzkornmagazin. Das stattliche Gebäude wurde im frühen 18. Jahrhundert errichtet, um Getreide zu lagern. Heute beherbergt es das Rathaus. Zwei Jahrhunderte älter sind sogar noch das gelb leuchtende Kommandantenhaus und die Marktkirche St. Aegidien. Gleich neben der Kirche erhebt sich das Alte Rathaus, ebenfalls aus dem 16. Jahrhundert, in dem man sich in romantischer Kulisse trauen lassen kann. Gleich davor steht eine Skulptur, die an die hiesige Tradition der Eseltreiber erinnert. Diese hatten in früheren Zeiten Lebensmittel vom Harzkornmagazin zu den abgelegenen Orten und Bergwerken im Oberharz gebracht.

**Ruhige Waldrandlage, guter Ausgangspunkt zum Wandern: Campingplatz Eulenburg, Scheerenberger Straße 100, 37520 Osterode am Harz, eulenburg-camping.de GPS: 51.727219, 10.283820**

Auch die Gemeinde Südharz umfasst mehrere kleine Ortschaften und entstand im Jahr 2010 durch ihre Zusammenlegung. Dazu zählen zum Beispiel Roßla, Stolberg und Questenberg. Stolberg ist als Luftkurort bekannt und besitzt ein sehenswertes Zentrum mit zahlreichen Fachwerkbauten im Stil der Renaissance. Die Ortschaft erstreckt sich unterhalb des gleichnamigen Schlosses, das im 13. Jahrhundert auf einem Hügel errichtet wurde und zu drei Seiten steil abfällt.

## ZUM WOHL!

Gar nicht so weit vom Harz entfernt erreichen wir mit dem Wohnmobil das Weserbergland und dort die sehenswerte Stadt Einbeck. Die ehemalige Hansestadt ist die größte Stadt im südlichen Niedersachsen und hatte im Mittelalter mehrere schwere Brände zu verkraften. Dennoch konnte sie ihren mittelalterlichen Stadtkern mit zahlreichen Fachwerkhäusern bewahren. Einige von ihnen fallen durch sehr hohe Toreinfahrten auf – durch diese mussten früher die hohen Brauereiwagen fahren, denn Einbeck ist vor allem für seine Tradition im Brauereigewerbe bekannt. Hier waren nicht nur zahlreiche Brauereibetriebe ansässig; in Einbeck entstand sogar eine Bierart, die als Bockbier bekannt wurde.

Zu den Sehenswürdigkeiten der Stadt gehört in der Altstadt das Alte Rathaus, das mit seinen drei markanten Türmen zum Wahrzeichen Einbecks wurde. Es entstand nach dem großen Stadtbrand von 1540 und erhebt sich direkt am Marktplatz, dem Herzen der Stadt. Dominiert wird er von der Marktkirche und dem Eulenspiegelbrunnen gleich gegenüber dem Alten Rathaus und gerahmt von zahlreichen historischen Fachwerkhäusern, genauso wie die Tiedexer Straße, die gegenüber der Marktkirche abzweigt. Selbst die Touristinformation ist stilecht in einem denkmalgeschützten Haus untergebracht: im sogenannten Eickeschen Haus, das zu Beginn des 17. Jahrhunderts erbaut wurde.

**Bei einer geführten Tour lernt man die Stadt näher kennen und kehrt abends in einen der vielfältigen gastronomischen Betriebe ein, um mit einem Glas Bier auf die traditionelle Braukunst anzustoßen. Gekrönt wird so eine Tour beispielsweise mit einem echten Braumeister-Gericht – und natürlich einem Bierdiplom, das einem zusammen mit einem Bierkrug überreicht wird.**

Oben: An heißen Sommertagen steht man schön schattig in Blaubeuren.
Unten links: Der Marktbrunnen vor dem sehenswerten Alten Rathaus in Einbeck
Unten rechts: Das Hochzeitshaus, ein vierstöckiges Fachwerkhaus, beheimatet das Regionalmuseum in Fritzlar.

**Wohnmobilstellplatz Einbeck:
Ochsenhofweg 9, 37574 Einbeck
GPS: 51.824238, 9.864432**

## FACHWERK IN THÜRINGEN

Mit der bereits erwähnten Ortschaft Stolberg am Südharz beginnt der thüringische Teil der »Deutschen Fachwerkstraße«. Sie verläuft über die sehenswerten Ortschaften Mühlhausen und Bad Langensalza bis Schmalkalden. Kurz vor dem Endpunkt dieses Abzweigs der Ferienstraße erreicht man noch Kleinschmalkalden mit einer ganz besonderen Sehenswürdigkeit: der größten Kuhglocke der Welt. Mit ihr hat es ein ortsansässiges Glocken-Unternehmen geschafft, einen Eintrag ins Guinness-Buch der Rekorde zu erhalten. Die aus Stahl bestehende Glocke ist über drei Meter hoch und bringt es auf ein Gesamtgewicht von 920 Kilogramm – allein der Klöppel wiegt schon 25 Kilogramm.

**Der Caravanstellplatz Im Schneidmühlengrund ist einfach nur niedlich. Acht Parzellen gibt es im Halbrund vor dem Servicegebäude, und nach einem kurzen Spaziergang ist man an der größten Kuhglocke der Welt: Schneidmühlengrund 7, 98593 Floh-Seligenthal
GPS: 50.802396, 10.495721**

## ÜBER HESSEN IN DEN OSTEN

Weiter westlich verläuft die »Deutsche Fachwerkstraße« durch Hessen und berührt so sehenswerte Städte wie Eschwege, Fritzlar, Rotenburg an der Fulda, Schwalmstadt und noch einige mehr. Zu sehen gibt es dort solch beeindruckende Gebäude wie das Fritzlarer Hochzeitshaus, das zu den größten Fachwerkhäusern Hessens zählt. Mit seinen roten Holzbalken stammt es zwar aus dem Ende des 16. Jahrhunderts, doch im Inneren herrscht moderne Technologie. Denn nach einem fünfjährigen Umbau erstrahlt das Hochzeitshaus seit dem Jahr 2022 wieder im neuen Glanz und beherbergt ein interaktives Museum, mit dem die Geschichte der Stadt erlebbar gemacht wird. Und in Rotenburg (nicht mit dem ebenfalls sehr charmanten Rothenburg ob der Tauber zu verwechseln) begeistert das historische Rathaus mit einem sehenswerten jahrhundertealten Fachwerkgiebel, das nicht nur etwas für das Auge bietet, sondern auch für die Ohren. Denn zwischen den Holzbalken ertönt regelmäßig ein Glockenspiel.

Ganz im Osten – und weit abseits – befindet sich übrigens noch ein weiterer Abschnitt der »Deutschen Fachwerkstraße«. Als kurze Rundtour verläuft sie in der Dreiländerregion zu Polen und Deutschland bei Zittau und wird dort als »Oberlausitzer Umgebindehausstraße« bezeichnet. Der Name deutet schon an, dass es sich hierbei um einen etwas anderen Baustil handelt, der aber bei so manchem Gebäude auf den ersten Blick an den klassischen Fachwerkstil erinnert.

## FACHWERK IM SÜDEN

Auch im Süden Deutschlands lernen wir viele hübsche Altstädte kennen, wenn wir der »Deutschen Fachwerkstraße« folgen. Über Miltenberg und Wertheim am Main führt unsere Reise nach Bietigheim-Bissingen, Backnang, Kirchheim unter Teck und nach Bad Urach und Blaubeuren. Letzteres ist nicht nur wegen der Fachwerkarchitektur sehenswert. Denn die Blau, die nach 22 Kilometern in die Donau münden wird, entspringt hier im Blautopf. Dabei handelt es sich um eine Karstquelle, die je nach Einfall des Sonnenlichts bläulich schimmert. Die Färbung entsteht durch sehr kleine Kalkpartikel, die im Wasser das Licht entsprechend streuen. Der Quelltopf hat einen Durchmesser von rund 40 Metern und kann bei einem kurzen Spaziergang gemütlich umrundet werden. So kann man das Wasser aus jedem Blickwinkel betrachten. Danach bummeln wir durch die angrenzende malerische Altstadt, wo zum Beispiel das Urgeschichtliche Museum die Neugier weckt und den Besucher in vergangene Zeiten entführt. Außerdem bestehen noch Wandermöglichkeiten im und auf den bewaldeten Hängen des Blautals, die bereits zur Schwäbischen Alb gehören.

**Nahe der Altstadt und des berühmten Blautopfs: Wohnmobilstellplatz Blaubeuren, Dodelweg 20, 89143 Blaubeuren**
**GPS: 48.414886, 9.790887**

Letzte Station unserer langen Reise entlang ausgewählter Strecken der »Deutschen Fachwerkstraße« ist schließlich Meersburg am Bodensee. Die historische Altstadt mit ihren kopfsteingepflasterten Gassen, Fachwerkhäusern und dem majestätischen Schloss Meersburg versetzt ihre Gäste in vergangene Zeiten und bezaubert mit mittelalterlichem Flair und malerischem Panorama. Die Uferpromenade lockt mit gemütlichen Cafés und Boutiquen, Liebhaber eines exquisiten Tropfens schätzen aber auch die Weinberge rund um Meersburg.

**Weitere Infos:**
**deutsche-fachwerkstrasse.de**

# Deutsche Limesstraße

## Glücksmomente

Wie eine kleine Zeitreise fühlt es sich an, bei einer der vielen Limes-Rekonstruktionen einfach mal innezuhalten und sich vorzustellen, wie es vor 2000 Jahren hier aussah.

**TOURENLÄNGE**
926 Kilometer

**START UND ZIEL**
Von Kleve nach Passau

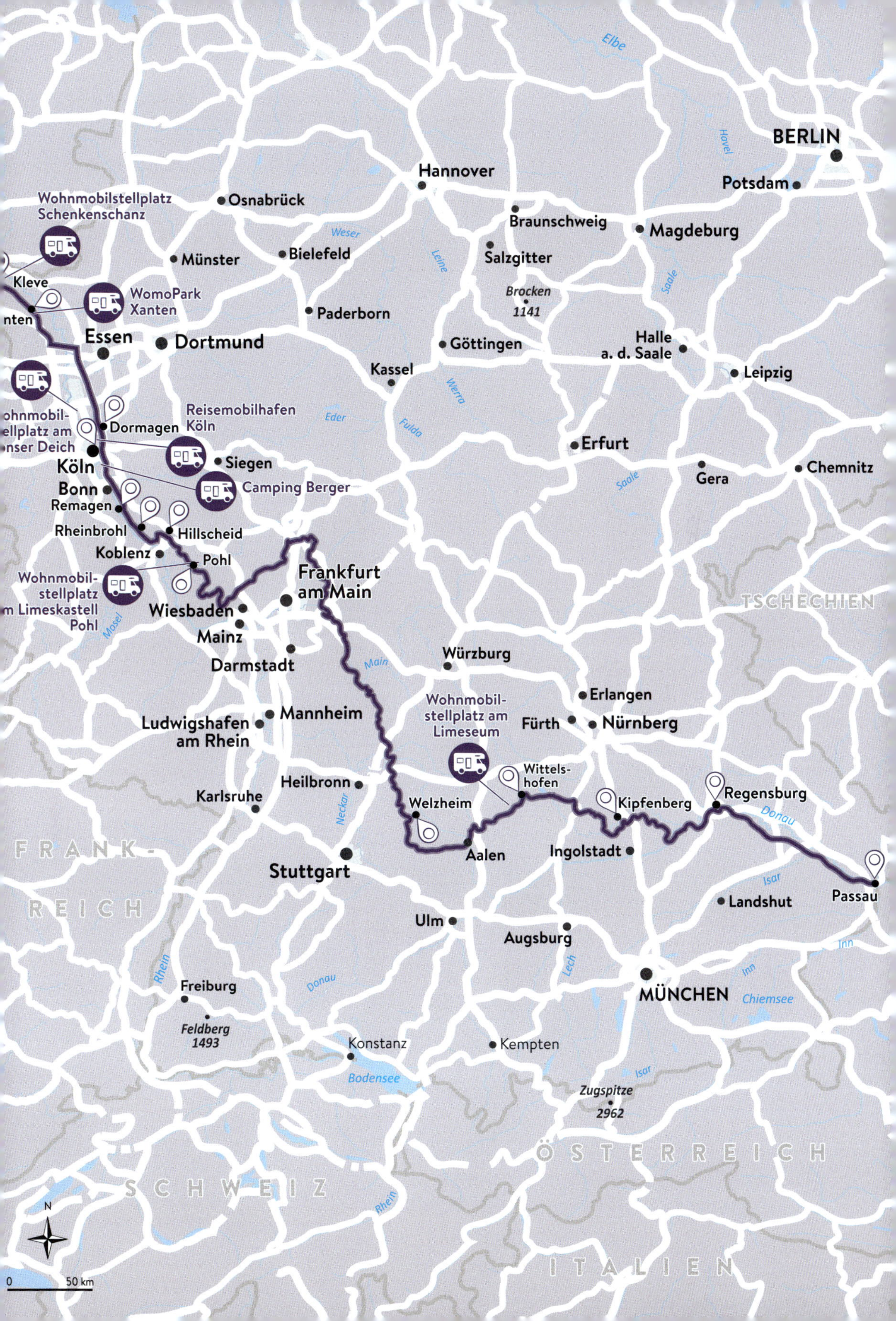

Elbe
Havel
BERLIN
Potsdam
Hannover
Osnabrück
Wohnmobilstellplatz Schenkenschanz
Braunschweig
Magdeburg
Weser
Leine
Salzgitter
Münster
Bielefeld
Saale
Kleve
WomoPark Xanten
Brocken 1141
nten
Paderborn
Essen
Dortmund
Göttingen
Halle a. d. Saale
Kassel
Leipzig
Werra
Eder
Fulda
Reisemobilhafen Köln
ohnmobil-
ellplatz am
nser Deich
Dormagen
Erfurt
Köln
Siegen
Chemnitz
Gera
Saale
Bonn
Camping Berger
Remagen
Rheinbrohl
Hillscheid
Koblenz
Pohl
Frankfurt am Main
Wohnmobil-
stellplatz
m Limeskastell
Pohl
Wiesbaden
TSCHECHIEN
Mosel
Mainz
Darmstadt
Würzburg
Main
Wohnmobil-
stellplatz am
Limeseum
Erlangen
Mannheim
Ludwigshafen am Rhein
Fürth
Nürnberg
Wittels-
hofen
Heilbronn
Karlsruhe
Regensburg
Kipfenberg
Welzheim
Donau
Neckar
FRANK-
REICH
Aalen
Ingolstadt
Stuttgart
Passau
Isar
Landshut
Ulm
Augsburg
Inn
Rhein
Lech
Inn
Freiburg
Donau
MÜNCHEN
Chiemsee
Feldberg 1493
Konstanz
Kempten
Bodensee
Isar
Zugspitze 2962
ÖSTERREICH
SCHWEIZ
Rhein
N
ITALIEN
0
50 km

# AUF DEN SPUREN DER RÖMER

## Grenzgänger-Tour zwischen den Niederlanden und Österreich

In einem grenzenlosen Europa folgen wir in dieser Tour einer historischen Grenze. Der Limes zog sich bis in das 6. Jahrhundert einmal rund um das Römische Reich. Er verlief unter anderem als Hadrianswall durch Großbritannien und bildete die Grenze zu Nordafrika und Vorderasien. So weit wollen wir allerdings nicht fahren, sondern folgen der »Deutschen Limesstraße« von der Grenze zu den Niederlanden bis zur Grenze nach Österreich. In weiten Teilen handelt es sich dabei um den Obergermanisch-Raetischen Limes, der seit 2005 als UNESCO-Weltkulturerbe geschützt ist.

### ZURÜCK IN DIE VERGANGENHEIT

Leicht wird diese Reise nicht, so viel steht fest, denn auf der gesamten Fahrt zwischen dem Niederrhein und der Donaustadt Passau werden wir keine Autobahn befahren. Stattdessen wollen wir zahlreiche Wandermöglichkeiten nutzen, und auch das Fahrrad wird oftmals hilfreich sein. Deshalb sollte man für diese Ferienstraße Zeit mitbringen, zumindest wenn man wirklich alle Einrichtungen entlang des Limes besichtigen möchte. Insbesondere auf dem Abschnitt zwischen Bad Breisig am Rhein und Regensburg an der Donau sind im Laufe der letzten Jahrzehnte viele römische Wachtürme und Grenzpalisaden rekonstruiert worden. Jeden einzelnen zu besuchen, wäre ein stetes Stop-and-go, einige ausgewählte Einrichtungen wollen wir uns aber schon anschauen … und starten unsere Tour deshalb in Kleve.

**Imposant: der teilrekonstruierte Hafentempel der Römer im Archäologischen Park Xanten**

**Der Wohnmobilstellplatz Schenkenschanz ist eigentlich nur ein einfacher Parkplatz, liegt aber sehr ruhig und abseits des Klever Ortsteils, der durch die Hochwasserschutzwand geprägt ist: Schenkenschanz, 47533 Kleve GPS: 51.835495, 6.112376**

Unsere Zeitreise in die Epoche der Römer beginnt im Forum Arenacum in Kleve, einem Museum, das römische Funde aus der Umgebung zeigt. So gibt es zum Beispiel Bronzefunde aus Düffelward, einem Ortsteil von Kleve, ganz in der Nähe unseres Übernachtungsplatzes in Schenkenschanz, zu sehen. Die ersten römischen Spuren in der freien Landschaft erwarten uns in Kalkar mit dem sogenannten Kalkarberg. Hierbei handelt es sich um ein Heiligtum für die germanische Kriegsgöttin Vagdavercustis, die auch von römischen Soldaten verehrt wurde. Für uns ist das Bodendenkmal kaum sichtbar, weshalb wir uns für die weitere Reise mit greifbareren Relikten, Nachbauten und Museen beschäftigen wollen.

## VON XANTEN NACH DORMAGEN

So eines finden wir wenig später natürlich mit dem Archäologiepark in Xanten. Die Anlage befindet sich auf dem Areal der einstigen Colonia Ulpia Traiana, die als eine der bedeutendsten römischen Siedlungen in Deutschland gilt. Einige der freigelegten Gebäude wurden rekonstruiert. Dazu zählt der beeindruckende Hafentempel, aber auch verschiedene Handwerkerhäuser sowie eine römische Herberge. Das Highlight ist jedoch das Amphitheater gleich neben der römischen Stadtmauer. Dieses wird heute auch immer wieder für verschiedene Veranstaltungen genutzt. Für den Rundgang brauchen wir etwas länger, weshalb wir auf dem praktisch gelegenen Wohnmobilstellplatz eine Nacht einlegen.

**LVR-Archäologischer Park Xanten: Am Amphitheater (Eingang Stadtzentrum), Am Rheintor (Eingang Hafentempel); LVR-RömerMuseum: Trajanstraße 10, 46509 Xanten, apx.lvr.de**

**Guter Ausgangspunkt für die Innenstadt und zum Archäologiepark: WomoPark Xanten, Fürstenberg 6, 46509 Xanten, womopark-xanten.de GPS: 51.654301, 6.464242**

Am nächsten Tag folgen wir dem Lauf des Niederrheins. In Moers, Duisburg, Krefeld und Neuss gibt es zwar weitere spannende Geschichtsmuseen, doch wir stoppen erst wieder in Dormagen, um mit dem Römerkeller einen tollen Einblick in die Überreste eines Wohnhauses zu bekommen. Mitten in der heutigen Innenstadt Dormagens bewachte eine Einheit römischer Soldaten den Limes und das Kastell Durnomagus. Die

**Oben: Entlang der Limesstraße stößt man immer wieder auf rekonstruierte Bauten der Römer.
Unten: Dieser Kölner Wohnmobilstellplatz liegt direkt am Rhein.**

MOOVEO
Willkommen
AWB

Relikte des Römerkellers wurden in den 1970er-Jahren entdeckt und zeigen einen ehemaligen Vorratskeller.

**Der Dormagener Ortsteil Zons ist alleine schon einen Besuch wert. Gleich neben der Stadtmauer befindet sich auf einem Großparkplatz am Rhein ein einfacher Übernachtungsplatz mit Strom: Wohnmobilstellplatz am Zonser Deich, Herrenweg 1, 41541 Dormagen GPS: 51.123969, 6.851421**

## ÜBER KÖLN NACH REMAGEN

Viel mehr Zeit benötigen wir für die Besichtigung der nächsten römischen Siedlung, die als Colonia Claudia Ara Agrippinensium gegründet wurde und heute als Köln bekannt ist. Hier wurden im letzten Jahrhundert die Fundamente des Praetoriums entdeckt, des Sitzes des römischen Statthalters in Niedergermanien. Es gilt als eines der größten römischen Bauwerke entlang des Rheins, ist aber natürlich nicht alles, was die Domstadt zu bieten hat. Da wären beispielsweise noch das Römisch-Germanische Museum, Teile der Stadtmauer und die vielen klassischen Sehenswürdigkeiten.

**Archäologische Zone/Jüdisches Museum: Praetorium und römischer Abwasserkanal, Kleine Budengasse 2; Grabungsareal, Mikwe und Porticus, Rathausplatz, 50667 Köln, museenkoeln.de**

**Ältester Campingplatz Deutschlands: Camping Berger, Uferstraße 71, 50996 Köln, camping-berger-koeln.de GPS: 50.891306, 7.022976**

**Reisemobilhafen Köln: An der Schanz, 50735 Köln, reisemobilhafen-koeln.de GPS: 50.962409, 6.98590**

Südlich von Köln durchqueren wir anschließend die ehemalige Bundeshauptstadt Bonn, um in Remagen den nächsten Stopp einzulegen. Die Stadt, die durch die Brücke von Remagen im Zweiten Weltkrieg bekannt geworden ist, bietet mit dem Römischen Museum abermals einen interessanten Einblick in die noch ältere Geschichte der Region.

## WACHTÜRME AM LIMES

Kurz danach lassen wir in Rheinbrohl den Rhein hinter uns, doch nicht, ohne vorher einen Blick auf den ersten von vielen noch folgenden Wachtürmen zu werfen. Ganz in der Nähe wartet mit der RömerWelt am caput limitis ein weiteres Museum, das sich mit dem Leben der Römer in einem Lager befasst.

**In den Sommermonaten werden für die Besucher verschiedene Aktionstage angeboten, bei denen man teilweise selber Hand anlegen darf: RömerWelt am caput limitis, Arienheller 1, 56598 Rheinbrohl, roemer-welt.de**

Auf der Suche nach noch mehr Relikten aus römischer Zeit lassen wir das Wohnmobil stehen, schwingen uns auf den Fahrradsattel und folgen den hügeligen Waldwegen östlich von Rheinbrohl. Zu sehen bekommen wir weitere Rekonstruktionen – etwa einen Holzturm und eine Limespalisade. Manchmal sind es auch nur Schilder mit Hinweisen auf die Standorte ehemaliger Wachtürme. Stundenlang könnte man hier radeln, doch irgendwann kehren wir doch um und setzen unsere Ferienstraßen-Tour auf vier Reifen fort. Der Limesturm Hillscheid zum Beispiel ist wieder gut mit dem Wohnmobil erreichbar und beherbergt sogar im Inneren eine sehr kleine Ausstellung mit historischen Funden.

**Bei Arzbach benötigen wir Wanderschuhe, um zum Römerturm zu gelangen. Er befindet sich auf dem Großen Kopf, einer Erhebung in der Landschaft, und besitzt sogar eine Aussichtsplattform. Von dort genießen wir einen tollen Rundblick über die Region.**

Doch es sind nicht nur die Wachtürme, die uns auf der Reise entlang der Limesstraße begleiten. Hin und wieder treffen wir auch auf Nachbauten eines Kastells. Das Limeskastell Pohl macht uns dabei besondere Freude. Denn es ist nicht nur sehr einfach über die B 260 zu erreichen und auch noch sehr informativ. Es erlaubt sogar die Übernachtung mit dem Wohnmobil auf dem Parkplatz. Wenn es mal immer so einfach wäre …

**Wohnmobilstellplatz am Limeskastell Pohl: Kirchstraße 18, 56357 Pohl, limeskastell-pohl.de GPS: 50.251813, 7.865376**

## WEITER IN RICHTUNG ÖSTERREICH

Ähnlich verläuft unsere weitere Fahrt quer durch den Westerwald und durch Hessen bis zur Grenze nach Bayern, wo wir am Main entlang weitere Römermuseen auf unserer To-do-Liste haben. Zu nennen wäre da beispielsweise das Römermuseum in Großkrotzenburg. Nur wenige Schritte vom Fluss entfernt, befindet es sich mitten in der Altstadt, wo einst das Kastell stand. Auch das deutlich kleinere Museum in Obernburg ist einen längeren Stopp wert, gilt die Römerstadt doch als »Pompeji am Main«, was auf den guten Erhaltungszustand der antiken Funde zurückzuführen ist.

Bei Miltenberg lassen wir auch den Main hinter uns und steuern das Wohnmobil überwiegend in südliche Richtung, um immer wieder zwischendurch anzuhalten und weitere Nachbauten römischer Wachtürme zu besichtigen. So ist beispielsweise das Römische Ostkastell Welzheim einen Stopp wert. Gleiches gilt auch für den modernen Rundbau in Wittelshofen, in dem das Limeseum untergebracht ist. Es befindet sich auf dem archäologischen Gelände des Römerparks und zeigt mit verschiedenen Bepflanzungen die Lage einzelner Gebäude der Römer. Auch hier hat man es Wohnmobilreisenden leicht gemacht – wir dürfen auf einer der vier Stellflächen vor dem Limeseum übernachten. Der kostenlose

Wohnmobilstellplatz bietet sogar Stromanschlüsse und sehr viel Ruhe abseits jeglicher Ortschaften.

**Limeseum und Römerpark Ruffenhofen: Römerpark Ruffenhofen 1, 91749 Wittelshofen, limeseum.de GPS: 49.044959, 10.488928**

Auch auf dem bayerischen Abschnitt der Limesstraße locken Amphitheater und weitere archäologische Museen, so zum Beispiel das Römer- und Bajuwarenmuseum in Kipfenberg im Naturpark Altmühltal. Unbedingt besichtigen sollte man auch die Bodendenkmäler der ehemaligen Castra Regina, heute als Regensburg bekannt, darunter die Porta Praetoria – Teile des Nordtors des einstigen römischen Legionslagers, oder das Römermuseum in Regensburg-Prüfening.

Von hier aus folgen wir nun dem Donaulimes, der seit dem Jahr 2021 ebenfalls zum Weltkulturerbe der UNESCO zählt, aber deutlich weniger Nachbauten aus der Römerzeit auf seinem Weg nach Passau präsentiert. In der Drei-Flüsse-Stadt spaziert man weniger als eine halbe Stunde vom Wohnmobilstellplatz an der Ilz über die Donaubrücke in die Passauer Altstadt und mit der nächsten Brücke weiter über den Inn, um zum RömerMuseum Kastell Boiotro zu gelangen. Es wurde in die Überreste eines römischen Lagers integriert; selbst auf der Besuchertoilette fühlt man sich durch die Einbindung in die originalen Mauerreste in längst vergangene Zeiten versetzt.

*Gut zu wissen*

### DIE DEUTSCHE LIMESSTRASSE

Beim Limes unterscheidet man verschiedene Abschnitte. Der Niedergermanische Limes war einst identisch mit dem Lauf des Rheins zwischen seiner Mündung in die Nordsee und dem Bereich südlich von Bonn. Damit war er die Grenze zwischen Germania magna nordöstlich des Rheins und der römischen Provinz Germania inferior. In südliche Richtung schloss sich der Obergermanisch-Raetische Limes mit einer Länge von 550 Kilometern an. Das heutige Bodendenkmal durchquert Hessen und reicht bis zur Donau. Doch als Limes werden auch weitere Grenzverläufe der Römer bezeichnet. Zu den bekannteren zählen beispielsweise der Adrianswall sowie der Antoninuswall im heutigen Großbritannien.

Passau selbst fasziniert Touristen mit seiner einzigartigen Lage am Zusammenfluss von Donau, Inn und Ilz. Die pittoreske Altstadt beeindruckt durch ihre barocke Architektur, allen voran dem imposanten Stephansdom, der hoch über den Dächern thront. Die bunten Fassaden, verwinkelten Gassen und gemütlichen Plätze laden zum Flanieren ein.

**Weitere Infos: limesstrasse.de**

**Auf jeden Fall einen Besuch wert ist das Limeskastell in Pohl.**

# Romantische Straße

## Glücksmomente

Es geht kaum romantischer, als in Rothenburg ob der Tauber von der Stadtmauer auf die malerische Altstadt zu blicken oder im Advent über den gemütlichen Weihnachtsmarkt zu schlendern.

**TOURENLÄNGE**
460 Kilometer

**START UND ZIEL**
Von Würzburg nach Füssen

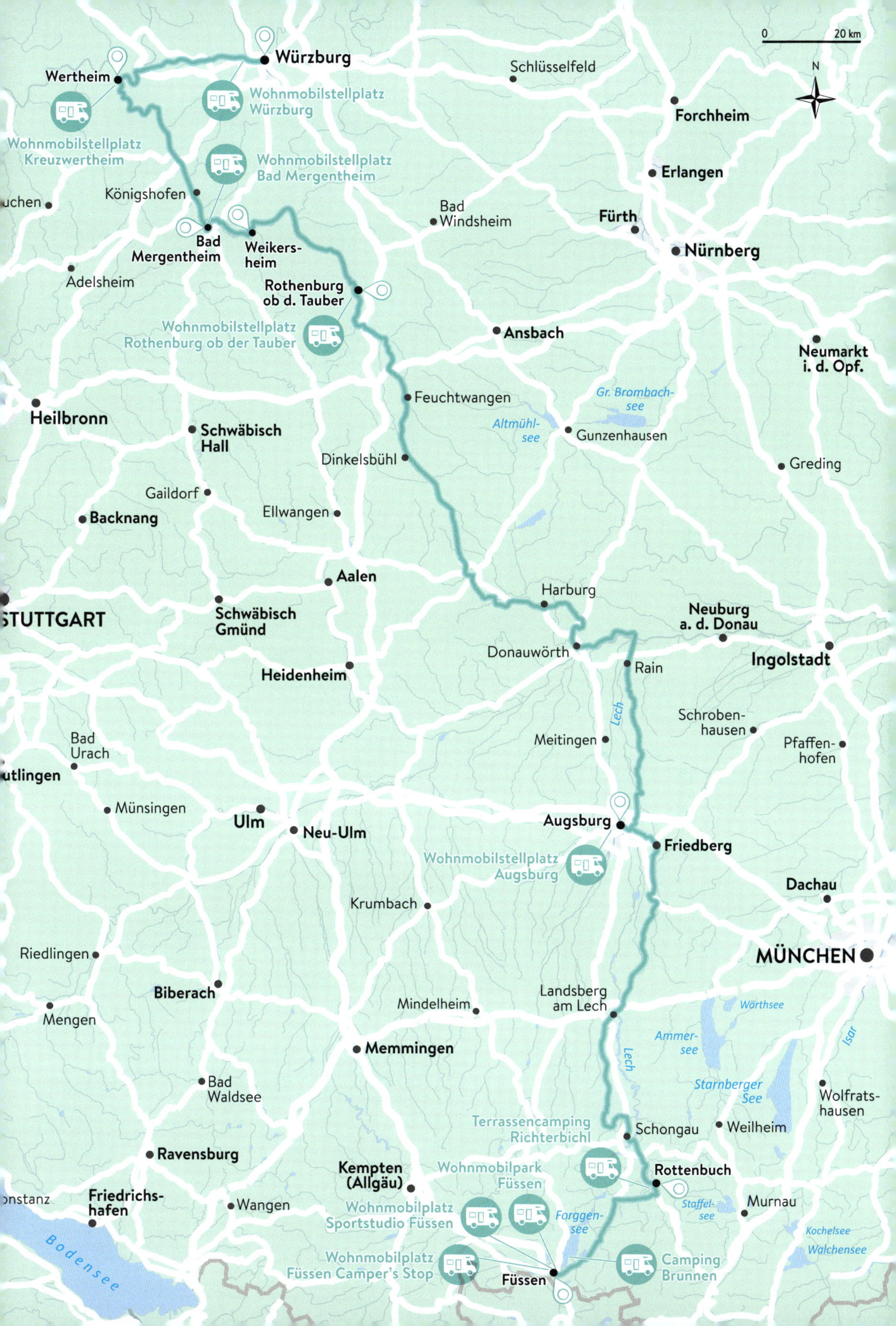

0
20 km
N
Würzburg
Wertheim
Schlüsselfeld
Wohnmobilstellplatz Würzburg
Forchheim
Wohnmobilstellplatz Kreuzwertheim
Wohnmobilstellplatz Bad Mergentheim
Erlangen
Königshofen
uchen
Bad Windsheim
Fürth
Bad Mergentheim
Weikersheim
Nürnberg
Adelsheim
Rothenburg ob d. Tauber
Wohnmobilstellplatz Rothenburg ob der Tauber
Ansbach
Neumarkt i. d. Opf.
Feuchtwangen
Gr. Brombachsee
Heilbronn
Altmühlsee
Gunzenhausen
Schwäbisch Hall
Dinkelsbühl
Greding
Gaildorf
Ellwangen
Backnang
Aalen
Harburg
STUTTGART
Schwäbisch Gmünd
Neuburg a. d. Donau
Donauwörth
Rain
Ingolstadt
Heidenheim
Lech
Schrobenhausen
Meitingen
Pfaffenhofen
Bad Urach
utlingen
Münsingen
Ulm
Augsburg
Neu-Ulm
Friedberg
Wohnmobilstellplatz Augsburg
Dachau
Krumbach
Riedlingen
MÜNCHEN
Biberach
Landsberg am Lech
Mengen
Mindelheim
Wörthsee
Ammersee
Memmingen
Isar
Lech
Bad Waldsee
Starnberger See
Wolfratshausen
Terrassencamping Richterbichl
Schongau
Weilheim
Ravensburg
Kempten (Allgäu)
Wohnmobilpark Füssen
Rottenbuch
onstanz
Friedrichshafen
Wangen
Staffelsee
Murnau
Wohnmobilplatz Sportstudio Füssen
Forggensee
Kochelsee
Bodensee
Walchensee
Wohnmobilplatz Füssen Camper's Stop
Camping Brunnen
Füssen

# ROADTRIP DURCH DIE ROMANTIK

## Malerische Tour in den Süden

Zwei Ferienstraßen buhlen um den Titel, die »älteste Ferienstraße Deutschlands« zu sein. Die Idee für die »Deutsche Alpenstraße« stammt aus den 1920er-Jahren, doch bereits Ende des 19. Jahrhunderts erschien ein Reisebericht von König Maximilian II., der schon Jahrzehnte zuvor entlang des heutigen Straßenverlaufs unterwegs war. Doch durchgehend fertiggestellt wurde die »Deutsche Alpenstraße« erst im Jahr 1960, zehn Jahre, nachdem die ersten Reisebusse auf der ebenfalls in Süddeutschland gelegenen »Romantischen Straße« bereits unterwegs waren. Diese definitiv älteste Fernbuslinie Deutschlands verkehrt übrigens heute noch – wir aber nehmen natürlich das Wohnmobil.

### BEEINDRUCKENDER START

Der Besuch Würzburgs zu Beginn unserer Reise ist zweifellos Pflicht auf der »Romantischen Straße«. Der örtliche Wohnmobilstellplatz ist allerdings eher in die Kategorie »kann man mal machen« einzuordnen – zwar praktisch am Mainufer gelegen, aber durch seine zentrale Lage und als Teil eines Großparkplatzes eher unruhig und kein klassischer Urlaubsort. Doch dafür ist man zu Fuß schnell in der Altstadt und kann sich der Besichtigung selbiger widmen. Vor allen Dingen spaziert man natürlich zur barocken Würzburger Residenz, die auf der UNESCO-Welterbeliste verzeichnet ist und mit einer weitläufigen Parkanlage einlädt. Über die Alte Mainbrücke, ebenfalls sehenswert, und durch die Altstadt gehen wir wieder zurück zum Wohnmobil.

**Wohnmobilstellplatz Würzburg:**
**Dreikronenstraße 2, 97070 Würzburg**
**GPS: 49.797625, 9.923395**

**Oben: Würzburg begeistert den Besucher mit der Residenz ...**
**Unten: ... und mit der Festung Marienberg oberhalb des Mains.**

Auch in der nächsten Stadt ist der Wohnmobilstellplatz ein wenig gewöhnungsbedürftig – in Wertheim schläft man nämlich unter der Brücke, und das ist nicht nur bildlich gesprochen: Direkt am Ufer des Mains blickt man von baden-württembergischer Seite aus auf Bayern. Wer das nicht möchte, dem empfehlen wir, das Bundesland zu wechseln und kurz über den Main nach Kreuzwertheim zu fahren. Nicht nur das Ambiente, sondern auch die Aussicht ist dort viel schöner. Sie reicht bis auf Wertheim zurück, wo sich an der Mündung der Tauber in den Main die romantische Altstadt erstreckt, die bis zur weit oberhalb liegenden Burg reicht (von wo aus es natürlich wiederum wunderbare Ausblicke in die andere Richtung gibt). Aber es sind nicht nur die Aus-, sondern ebenso die Einblicke, mit denen Wertheim punktet. So zum Beispiel im Glasmuseum oder im Grafschaftsmuseum, beide in der Altstadt verortet. Insofern sei Wertheim die schlechte Lage des Stellplatzes gleich unter der Straßenbrücke verziehen.

**Grafschaftsmuseum Wertheim:
Rathausgasse 7, 97877 Wertheim,
grafschaftsmuseum.de**

**Glasmuseum Wertheim:
Mühlenstraße 24, 97877 Wertheim,
glasmuseum-wertheim.de**

**Einfacher Schotterplatz
in schöner Lage: Fahrgasse,
97892 Kreuzwertheim
GPS: 49.762418, 9.518765**

Mit Wertheim startet der Abschnitt der »Romantischen Straße«, der durch das Tal der lieblichen Tauber verläuft. Flussaufwärts begegnen uns noch jede Menge Orte mit kleinen Altstädten. Zu den bekanntesten dürfte Tauberbischofsheim gehören. Auch hier werden wir von einer gemütlichen Innenstadt begrüßt. Dominiert wird sie vom neogotischen Rathausgebäude am Marktplatz, doch als Wahrzeichen der Stadt gilt der Türmersturm. Den Wehrturm aus dem 13. Jahrhundert erreichen wir über den kopfsteingepflasterten Schlossplatz am südlichen Rand der Altstadt.

## UNTERWEGS IM TAUBERTAL

Bad Mergentheim, nur eine kurze Fahrt entfernt, hält uns ebenfalls ein wenig länger gefangen. Immerhin gibt es hier mehrere historische Kirchen und interessante Museen zu entdecken. Das bedeutendste ist zweifellos das Deutschordensmuseum, das hier an seinem ehemaligen Hauptsitz des Deutschen Ordens über die Geschichte der Ordensgemeinschaft informiert. Nebenbei erblickt man beim Schlossbesuch auch die sehenswerte, reich verzierte Wendeltreppe.

**Deutschordensmuseum im
Residenzschloss Mergentheim,
Schloss 16, 97980 Mergentheim,
schloss-mergentheim.de**

Oben: Malerisches Wertheim (links)
Oben: Von der Altstadt gelangt man direkt zum Schloss Weikersheim.
Unten: Aufstieg zur Burg in Wertheim

AB-T 76

**Für die nächste Stadtbesichtigung können wir das Wohnmobil stehen lassen und uns auf den Fahrradsattel schwingen. Auf dem Taubertalradweg gelangen wir nämlich nach nur 13 Kilometern nach Weikersheim.**

Gleich neben der ruhigen Altstadt erhebt sich dort das gleichnamige Renaissanceschloss. Entstanden ist es Ende des 16. Jahrhunderts als Umbau einer Wasserburg, die vom Wasser der Tauber umgeben war. Im 18. Jahrhundert wurde die Schlossanlage um einen Barockgarten erweitert, der am gegenüberliegenden Ende mit einer Orangerie begrenzt wurde. Der Schlosspark und der angrenzende Stadtpark erstrecken sich genau zwischen Tauber und Taubertalradweg.

**Schloss und Schlossgarten Weikersheim: Marktplatz 11, 97990 Weikersheim, schloss-weikersheim.de**

**Nahe dem Taubertalradweg: Wohnmobilstellplatz Bad Mergentheim, Arkau 5, 97980 Bad Mergentheim GPS: 49.493114, 9.793124**

**Oben: Beliebtes Fotomotiv in Rothenburg ob der Tauber – das Plönlein
Unten: In Augsburg übernachtet man gleich neben der Wertach.**

## NICHT NUR ZUR WEIHNACHTSZEIT

Beim nächsten Zwischenstopp mit dem Wohnmobil, nämlich in Rothenburg ob der Tauber, wünscht man sich fast, man hätte diese Wohnmobilreise in der Vorweihnachtszeit durchgeführt, denn dann präsentiert sich die Altstadt von ihrer schönsten Seite. Zahlreiche Stände des Weihnachtsmarktes verzaubern das ohnehin schon malerische Zentrum der Stadt zu einem Gesamtkunstwerk, während einem aus den Backstuben der Duft der original Rothenburger Schneeballen aus Mürbeteig in die Nase steigt und das Weihnachtsmuseum neben dem Käthe Wohlfahrt-Weihnachtsdorf seinen größten Zulauf hat.

Selbstverständlich übt das romantische Rothenburg ob der Tauber aber auch außerhalb der Weihnachtszeit einen ganz besonderen Reiz aus. Besonders schön ist zum Beispiel der Spaziergang auf der kilometerlangen Stadtmauer oder der Besuch im Deutschen Weihnachtsmuseum (auch im Sommer möglich!). Wer in den sozialen Medien unterwegs ist, wird außerdem das Plönlein wiedererkennen. Das schöne Fachwerkhaus an der Unteren Schmiedegasse ist ein äußerst beliebtes Fotomotiv, das ständig bei Instagram & Co auftaucht.

**Auf dem Parkplatz 2, von dem aus man durch das Spitaltor direkt in die Altstadt spaziert oder die Stadtmauer besteigt: Wohnmobilstellplatz Rothenburg ob der Tauber, Nördlinger Straße, 91541 Rothenburg ob der Tauber GPS: 49.370401, 10.183400**

Über Schillingsfürst und Dinkelsbühl gelangen wir dorthin, wo es im heutigen Baden-Württemberg vor langer Zeit so richtig gekracht hat. Ein auf die Erde stürzender Meteorit schuf zunächst das heutige Nördlinger Ries; vermutlich eine halbe Million Jahre später traf ein weiterer Meteorit das Steinheimer Becken nur 40 Kilometer entfernt. Heute, rund 15 Millionen Jahre später, geht es in der Region deutlich entspannter und romantischer zu.

## IN DIE STADT DER FUGGER

Bei Donauwörth überqueren wir die blaue Donau und lernen das Tal des Lech kennen, um bis nach Augsburg zu fahren. Wer die Fuggerstadt erreicht hat und auf dem Weg zum Wohnmobilstellplatz die breite Brücke über die auch noch vorhandene Wertach überquert, sollte aufpassen, dass er gleich am Ende der Brücke in einer Kurve die Zufahrt nicht übersieht. Denn auch wenn die Altstadt nicht gerade um die Ecke liegt, kann man sie zu Fuß gut erreichen.

**Blick auf die Wertach, nur 16 Stellflächen – deshalb am besten früh anreisen: Wohnmobilstellplatz Augsburg, Bürgermeister-Ackermann-Straße 1, 86156 Augsburg GPS: 48.369661, 10.877735**

Einmal dort angekommen, hat man natürlich jede Menge zu sehen und zu erleben. Angefangen beim historischen Rathaus über das Fuggermuseum bis zur Fuggerei reicht das Programm, das man sich bei einem Besuch Augsburgs auferlegen sollte.

Denken Sie aber bei der Besichtigung der wahrlich interessanten Fuggerei daran, dass es sich nicht um eine reine Sehenswürdigkeit handelt, sondern um eine kleine Stadt innerhalb der Stadt, in der auch Menschen leben.

Über ebenfalls sehenswerte Städte wie Landsberg am Lech und Schongau verläuft unsere Reise auf der »Romantischen Straße« weiter gen Süden. Von dort folgen wir der B 23 nach Rottenbuch.

**Im Süden der Altstadt kann man einen Blick auf die berühmte Augsburger Puppenkiste werfen und eine der Aufführungen besuchen. Gleich gegenüber gibt es den dazugehörigen Shop, in dem man sicherlich noch ein Mitbringsel für die kleinen Zuschauer findet.**

**Bevor wir die 76 Meter hohe Echelsbacher Brücke bei Rottenbuch überqueren, lohnt ein Stopp an einem kleinen Aussichtspunkt mit Blick auf die Brücke, die das enge Tal der Ammer überspannt. GPS: 47.711045, 10.975019**

**Zu den Sehenswürdigkeiten der Romantischen Straße gehört natürlich auch die Wieskirche im bayerischen Steingaden.**

## WELTKULTURERBE-KIRCHE

Auf dem Weg nach Steingaden verlassen wir die Landstraße nach links, um zur Wallfahrtskirche zum Gegeißelten Heiland auf der Wies abzubiegen, besser als »Wieskirche« bekannt. Das von außen verhältnismäßig schlichte Gotteshaus wurde Mitte des 18. Jahrhunderts erbaut und 1983 von der UNESCO auf die Liste der zu schützenden Weltkulturerbestätten gesetzt. Sie ist ein prächtiges Beispiel des Rokoko und präsentiert sich im Inneren mit detailreichen Wand- und Deckengemälden.

Wieskirche: Wies 12, 86989 Steingaden, wieskirche.de

Der Name ist Programm:
Terrassencamping Richterbichl,
Solder 1, 82401 Rottenbuch,
camping-rottenbuch.de
GPS: 47.727543, 10.966991

## KURZURLAUB AM SEE

Bevor wir zum Ziel dieser Ferienstraße gelangen, passieren wir den kleinen Bannwaldsee und haben die Möglichkeit, zum Forggensee abzubiegen. Er wird vom Lech gebildet und ist Deutschlands größter Stausee. Der Forggensee wurde zwar schon im 19. Jahrhundert geplant, doch erst nach vierjähriger Bauzeit im Jahr 1954 fertiggestellt. Der Lech, der im österreichischen Vorarlberg entspringt und nach 264 Kilometern bei Marxheim in die Donau mündet, bildet im Süden Füssens außerdem den Lechfall – einen sieben Meter hohen, künstlichen Wasserfall, der sich über ein Stauwehr ergießt und ein beliebtes Ausflugsziel ist.

**Auf einer Halbinsel: Camping Brunnen, Seestraße 81, 87645 Schwangau, camping-brunnen.de**
**GPS: 47.596987, 10.738602**

## EIN KÖNIGLICHER ABSCHLUSS

Füssen ist nicht nur Endpunkt der »Romantischen Straße«, sondern befindet sich auch an der »Deutschen Alpenstraße«, also der nächsten Route in diesem Buch (s. S. 136). Gleichzeitig startet hier die Via Claudia Augusta, eine der wichtigen Straßen der Römer, die das Voralpenland mit Norditalien verband. Kein Wunder also, dass die Anfänge der Stadt in der römischen Zeit lagen. Es wird vermutet, dass an der Stelle des heutigen Füssen im 3. Jahrhundert ein römisches Militärlager errichtet wurde. Sicher ist jedoch ein Kastell, das bei Ausgrabungen auf dem Schlossberg entdeckt wurde und aus dem 5. Jahrhundert stammt. Nach den Römern folgte der Einsiedler Magnus, der das Kloster St. Mang gründete.

Berühmt geworden ist Füssen jedoch durch die beiden Schlösser Neuschwanstein und Hohenschwangau. Sie gehören zum sogenannten Königswinkel, zu dem auch das Hohe Schloss Füssen und drei Burgruinen zählen. Wie berühmt die Stadt ist, erkennt man sehr schnell an der Beschilderung in den zahlreichen Souvenirläden, Restaurants, sogar auf den Schildern der touristischen Straßen, die hier sogar japanische Schriftzeichen aufweisen. Fast eineinhalb Millionen Touristen kommen jährlich nach Füssen, um Schloss Neuschwanstein zu besuchen – und viele davon reisen aus dem fernen Japan an, wo Neuschwanstein als typisches Motiv für Deutschland gilt und der Besuch des Bauwerks zum Pflichtprogramm gehört.

König Ludwig II., der dieses Schloss errichten ließ, wünschte ein Bauwerk, das seiner Vorstellung einer mittelalterlichen Ritterburg entsprechen sollte. 1869 wurde mit dem Bau begonnen, der ursprünglich nur drei Jahre dauern sollte. Doch streng genommen wurde Schloss Neuschwanstein nie fertiggestellt. Der Bauherr, König Ludwig II., konnte zwar 1884 die ersten Räumlichkeiten beziehen, übernachtete aber gerade einmal 172 Tage im Schloss – also nicht einmal ein halbes Jahr. Da übernachtet so manch einer öfter in seinem Reisemobil.

**Schloss Neuschwanstein: Neuschwansteinstraße 20, 87645 Schwangau, neuschwanstein.de**

Für dieses und seine anderen Schlösser überschuldete sich der König so sehr, dass das damalige bayerische Ministerium seine Entmündigung einleitete und seine Ärzte ihn als »seelengestört« einstuften. Er wurde im Juni 1886 auf Neuschwanstein festgenommen und zum heutigen Starnberger See (damals noch Würmsee) gebracht, wo er unter bis heute mysteriösen Umständen zu Tode kam. Schloss Neuschwanstein war zu diesem Zeitpunkt noch nicht fertiggestellt. König Ludwig II. ordnete zwar ursprünglich an, dass es sich bei dem Bauwerk um seine Privatgemächer handeln würde, die der Öffentlichkeit niemals zugänglich zu machen seien, doch schon sechs Wochen nach seinem Tod öffnete man das Schloss für Besucher – nicht zuletzt auch, um die gewaltigen Kredite, die für den Bau angefallen waren, abbezahlen zu können. Heute kann Schloss Neuschwanstein im Rahmen einer halbstündigen Führung besichtigt werden, doch aufgrund des großen Andrangs empfiehlt es sich, viel Zeit mitzubringen.

Einen besonders schönen Blick auf das Schloss hat man übrigens von der Marienbrücke, die sich als Fußgängerbrücke über die Pöllatschlucht spannt. Auf dem Weg zum Schloss Neuschwanstein passieren wir außerdem Schloss Hohenschwangau, das bereits im 12. Jahrhundert Erwähnung fand und vom Wittelsbacher Fürsten Maximilian II. im 19. Jahrhundert wieder neu aufgebaut wurde. Der spätere König Ludwig II. wuchs weitgehend in diesem Schloss auf.

**Gleich drei benachbarte Wohnmobilstellplätze befinden sich in einem Gewerbegebiet im Norden von Füssen: Wohnmobilplatz Füssen Camper's Stop, Abt-Hafner-Straße 9, wohnmobilplatz.de**
**GPS: 47.581410, 10.700919**

**Deutlich kleiner ist der Wohnmobilplatz Sportstudio Füssen: Abt-Hafner-Straße 2, www.wohnmobilstellplatz-fuessen.de**
**GPS: 47.582539, 10.703386**

**Wohnmobilpark Füssen: Abt-Hafner-Straße 7a, wohnmobilpark-fuessen.de**
**GPS: 47.582409, 10.701807**

**Weitere Infos: romantischestrasse.de**

# Deutsche Alpenstraße

## Glücksmomente

Es muss nicht immer der höchste Gipfel sein – auch nur mit Blick auf die Zugspitze zu übernachten, ist großartig. Von dort kann man direkt auf den Wank wandern und den Ausblick auf Deutschlands höchsten Berg erneut genießen.

**TOURENLÄNGE**
484 Kilometer

**START UND ZIEL**
Von Lindau nach Berchtesgaden

Miltenberg
Kitzingen
Weiden i. d. OPf.
TSCHECHIEN
Erlangen
Fürth
Nürnberg
Amberg
Rothenburg o. d. Tauber
Heilbronn
Neckar
Feucht-wangen
Gunzenhausen
Regensburg
Schönberg
Ludwigsburg
Aalen
Nördlingen
Straubing
Deggen-dorf
Stuttgart
Schwäbisch Gmünd
Donauwörth
Ingolstadt
Donau
Isar
Landshut
Reutlingen
Ulm
Neu-Ulm
Augsburg
Freising
Eggen-felden
Erding
Donau
MÜNCHEN
Lech
Inn
Wohnmobilhafen am Chiemsee
Camping LIDO
Wohnmobil-stellplatz Bad Tölz
Wohnmobil-stellplatz Nesselwang
Prien am Chiemsee
Campingplatz Allweglehen
Ruh-polding
Schotterparkplatz Immenstadt
Bad Tölz
Tegern-see
Benedikt-beuern
Schliersee
Berchtes-gaden
Bodensee
Linden-berg
Nessel-wang
Ober-ammergau
Bayrischzell
Reit im Winkl
Immen-stadt
Leng-gries
Lindau
Ober-staufen
Ettal
Kochel am See
Wildbad Kreuth
Herisau
Sonthofen
Bad Hinde-lang
Garmisch-Partenkirchen
Mittenwald
Oberst-dorf
Camp am Wank
Parkplatz Tauben-steinbahn
Wohnmobil-stellplatz Am Seeberg
Camping Grafenlehen
Camping Mühlleiten
Park-Camping Lindau
Lech
Großglockner 3798
ÖSTERREICH
Wohnmobilstellplatz Karwendel
Rhein
SCHWEIZ
Gail
Hinterrhein
Inn
Ortler 3905
Bozen
P. Bernina 4055
Marmolada 3342
ITALIEN
Tagliamento
Piave
Lago di Como
Trento
N
Bérgamo
Lago di Garda
Treviso
Monza
Vicenza
0
50 km

# GRANDIOSER BLICK AUF DIE BERGE

## Von See zu See durch das Voralpenland

Die »Deutsche Alpenstraße« verbindet den Bodensee mit dem Königssee im Berchtesgadener Land. Dabei bietet sie wunderbare Blicke auf die Nordseite der Alpen, ohne anstrengend zu sein. Die Pässe auf der Tour erreichen kaum nennenswerte Höhen, sollten jedoch trotzdem nicht unterschätzt werden und beinhalten einige spannende Spitzkehren. Nach dem Besuch von so bekannten Ortschaften wie Füssen, Garmisch-Partenkirchen und Reit im Winkl erlebten wir am Ende der Fahrt einen wahren Höhepunkt mit der Rossfeldpanoramastraße.

### DIE ALTSTADT IM SEE

Vom Park-Camping Lindau erreichen wir mit dem Fahrrad innerhalb von 15 Minuten die Altstadt von Lindau, die sich auf einer Insel mitten im Bodensee befindet. Die Ursprünge der Stadt liegen eigentlich auf dem Festland, doch aus Sicherheitsgründen siedelte man im 10. Jahrhundert den damaligen Markt auf die Insel über. Seit Mitte des 19. Jahrhunderts ist diese nicht nur durch eine Brücke, sondern auch mit einem Eisenbahndamm mit dem Festland verbunden.

**Der südlichste Leuchtturm Deutschlands steht am Hafen von Lindau am Bodensee.**

**Direkt am Seeufer, aber verhältnismäßig weit von der Altstadtinsel entfernt: Park-Camping Lindau, Fraunhoferstraße 20, 88131 Lindau, park-camping.de
GPS: 47.537522, 9.73049**

Über die Seebrücke spazieren wir an der Evangelischen Kirche St. Stephan vorbei zum Marktplatz und erkennen, dass sich gleich neben der Kirche ein weiteres Gotteshaus erhebt. Das Münster Unserer lieben Frau wurde als katholische Pfarrkirche im 18. Jahrhundert neu errichtet, nachdem der Vorgängerbau bei einem verheerenden Stadtbrand vernichtet worden war. Durch die schmale Cramergasse zieht es uns zur

Maximilianstraße, der wichtigsten Fußgängerzone von Lindau und Haupteinkaufsstraße mit zahlreichen historischen Bürgerhäusern. Auf der linken Seite erhebt sich das Alte Rathaus aus dem Jahr 1422. Bereits die Nordfassade mit ihrem überdachten Treppengiebel ist eine Augenweide, also zücken wir unser Smartphone für ein Foto, doch es lohnt sich auf jeden Fall auch der Gang um das Gebäude herum, um die detailreichen Wandmalereien auf der Südseite zu entdecken.

Und da wir schon hier sind, setzen wir gleich über den Reichsplatz unseren Stadtspaziergang fort, bis wir nach wenigen Augenblicken das Wahrzeichen der Stadt erreicht haben: den Hafen von Lindau mit Bayerns einzigem Leuchtturm. Der 20 Meter hohe Mangenturm hat einen quadratischen Grundriss und ist mit einem glasierten Ziegelhelm überdacht. Als Leuchtfeuer diente er jedoch nur rund 120 Jahre. Der Betrieb wurde bereits im Jahr 1300 eingestellt. Gleich dahinter erstreckt sich der Hafen mit der Hafeneinfahrt als Lindauer Wahrzeichen. Während sich am Horizont die Alpengipfel der Schweiz und Österreichs abzeichnen, besticht die Einfahrt in den Hafen mit dem neuen Leuchtturm aus dem 19. Jahrhundert, der über 139 Stufen bestiegen werden kann und ein wunderbares Panorama bereithält. Auf der anderen Seite der Einfahrt hockt der aus Marmor bestehende Bayerische Löwe, der genau diese Aussicht über den Bodensee bis zu den Alpengipfeln zu genießen scheint.

*Gut zu wissen*

**DER BODENSEE**

Nach dem Balaton in Ungarn und dem Genfer See in der Schweiz gilt der Bodensee als drittgrößter See in Mitteleuropa und als größter Deutschlands, wenngleich wir ihn uns mit Österreich und der Schweiz teilen. Dabei gibt es jedoch innerhalb des Sees bis heute keine definierte Grenzziehung – eine einzigartige Besonderheit. Zwar wird auf Landkarten oft eine Grenze eingezeichnet, die jedem Land einen prozentualen Anteil des Gewässers zusprechen würde. Doch in der Praxis ist die Nutzung des Bodensees als Kondominium weit verbreitet, d. h. dass alle drei Staaten gleiche Hoheitsrechte ausüben können.
Deutlicher als die Grenzziehung sind die Fakten über den Bodensee: Der größte Teil besteht aus dem Obersee, der sich von Ost nach West erstreckt. Südlich davon befindet sich der kleinere Untersee, durch den rund vier Kilometer langen Seerhein mit dem Obersee verbunden. Der Rhein ist der wichtigste Zulauf des Bodensees und der einzige Abfluss. Neben der Insel Lindau erheben sich noch zwei weitere aus dem Wasser: die Insel Mainau (die sogenannte Blumeninsel) und die Insel Reichenau (UNESCO-Weltkulturerbe). An seiner tiefsten Stelle bringt es der Bodensee auf eine Tiefe von 254 Metern – er ist damit auch der tiefste See Deutschlands. Und wer versucht, vom Westufer der Insel Lindau bis nach Konstanz zu blicken, wird enttäuscht. Aufgrund der Länge – in ihrer größten Entfernung rund 63 Kilometer – und der damit verbundenen Erdkrümmung ist es selbst bei bester Fernsicht nicht möglich, von Ufer zu Ufer zu blicken.

## UNTERWEGS GEN OSTEN

Nach der Besichtigung Lindaus beginnen wir endlich unsere Fahrt auf der »Deutschen Alpenstraße«, indem wir auf der B 12 die Stadt verlassen und auf der B 31 und B 308 ostwärts fahren. Die ersten Serpentinen lassen nicht lange auf sich warten. Der sogenannte Rohrach-Anstieg an der gleichnamigen Schlucht bringt uns in mehreren engen Kehren auf den Pfänderrücken. Oben erwartet uns das kleine Städtchen Lindenberg im Allgäu, das für seine Hutmachertradition bekannt ist und diese im einzigen Hutmuseum Bayerns präsentiert. Außerdem wird in der Gemeinde alle zwei Jahre die Hutkönigin gewählt.

**Deutsches Hutmuseum Lindenberg: Museumsplatz 1, 88161 Lindenberg, deutsches-hutmuseum.de**

**Am Wanderparkplatz Paradies lässt es sich nicht nur im Café Berghof am Paradies (berghof-am-paradies.de) einkehren, sondern auch ein wunderbarer Ausblick auf die Nagelfluhkette am Nordrand der Allgäuer Alpen genießen. GPS: 47.54329, 9.989506**

Zum gleichnamigen Naturpark Nagelfluhkette gehört auch unser nächstes Ziel, der Schrothkurort Oberstaufen. Er erlangte 2010 bundesweite Aufmerksamkeit, als sich in der deutschen Bevölkerung Widerstand gegen Veröffentlichungen von Straßenzügen bei Google Streetview breitmachte. Oberstaufen erkannte indes die Möglichkeit der Werbung und bot sich in einer Aktion an, als erste Ortschaft Deutschlands Streetview-Aufnahmen der Stadt im Internet zu zeigen. Wir schauen uns die Ortschaft aber lieber ohne virtuelle Hilfsmittel an und schlendern durch das gemütliche Zentrum, das sich rund um die Pfarrkirche St. Peter und Paul ausbreitet. Das Gotteshaus mit seinem 65 Meter hohen Turm entstand im neogotischen Stil im 19. Jahrhundert. Es ersetzte eine Vorgängerkirche, die vermutlich schon im 13. Jahrhundert bestand. Aus dieser Zeit sind zumindest noch die Grundmauern des Kirchturms geblieben. Sehenswert sind im Inneren die Malereien der Decke aus dem Jahr 1913.

**Pfarrkirche St. Peter und Paul: Rainwaldstraße 6, 87534 Oberstaufen, pfarreiengemeinschaft-oberstaufen.de**

Auf der »Deutschen Alpenstraße« fahren wir anschließend durch das Tal der Konstanzer Ache, die wenig später den Großen und den Kleinen Alpsee bildet, bevor sie Immenstadt durchquert. An der westlichen Seite vom Marienplatz erhebt sich das schlichte Stadtschloss, welches die Tourismusinformation beherbergt. Auf dem Platz befindet sich die Mariensäule, die als Pestsäule errichtet wurde, kurioserweise aber erst 140 Jahre nach Erlöschen der Pest. Und danach dauerte es weitere 200 Jahre, bis der von Anfang an geplante Brunnen rund um die Säule erstellt wurde.

**Schotterparkplatz Immenstadt:**
**Badeweg, 87509 Immenstadt**
**GPS: 47.561793, 10.208629**

Im Zentrum von Immenstadt treffen wir immer wieder auf sehenswerte Skulpturen, zum Beispiel auf den entspannten Biertrinker, zu dem wir uns auf einer Sitzbank gesellen können, oder auf die Skulpturengruppe Alpzug. Sie erinnert an den traditionellen Almabtrieb, im Allgäu auch Viehscheid genannt, der im Spätsommer gefeiert wird und mittlerweile zu einer spektakulären Touristenattraktion geworden ist. Einige der bis zu tausend Rinder, die zum Überwintern in ihre Ställe gebracht werden, sind dabei farbenfroh geschmückt. Immenstadt ist die einzige Ortschaft Deutschlands, in der diese Tradition noch stattfindet.

Das folgende Sonthofen war Alpenstadt des Jahres 2005 und ist die südlichste Stadt Deutschlands – nur Oberstdorf liegt noch weiter südlich, hat aber keine Stadtrechte. Neben der katholischen Pfarrkirche St. Michael gibt es einige weitere sehenswerte Bauten rund um die kleine Fußgängerzone.

## HIGHLIGHT DES WINTERSPORTS

Bevor wir auf der »Deutschen Alpenstraße« weiterfahren, lohnt sich noch ein kurzer

**Auf der Deutschen Alpenstraße genießt man unterwegs einen tollen Ausblick über Nesselwang.**

Abstecher auf der B 19 durch das Tal der Iller, die uns südwärts nach Oberstdorf bringt. Die Gemeinde besticht durch zahlreiche Unterkunftsmöglichkeiten und ist ein beliebtes Urlaubsziel. Grund hierfür sind unter anderem die zahlreichen Sehenswürdigkeiten wie etwa die Breitachklamm, aber auch die Sportmöglichkeiten im und um den Ort herum. Skispringen gehört dabei zu den Klassikern, die aus Oberstdorf nicht mehr wegzudenken sind. Die Heini-Klopfer-Skiflugschanze ist Austragungsort für den Auftakt der Vier-Schanzen-Tournee, die immer rund um den Jahreswechsel stattfindet. Zwei Tage vor Silvester herrscht in Oberstdorf denn auch Ausnahmezustand; wer dann mit einem Wohnmobil die dortigen Stell- oder Campingplätze aufsuchen möchte, sollte vorab reserviert haben.

*Gut zu wissen*

### DEUTSCHLANDS EXTREMPUNKTE

Mit seiner Lage gehört Oberstdorf zu den sogenannten Extrempunkten Deutschlands. Denn das Haldenwanger Eck, ein Bergsattel auf über 1900 Meter Höhe, ist der südlichste Punkt Deutschlands. Die drei anderen Extrempunkte Deutschlands liegen in Selfkant (NRW), auf Sylt und in Görlitz. Die vier Gemeinden haben sich zum »Zipfelbund« zusammengeschlossen und bieten all jenen eine Überraschung, die innerhalb von vier Jahren in allen vier Orten eine Nacht verbracht haben. Nachweisen kann man dies über den »Zipfelpass«, der von den jeweiligen Tourismusbüros ausgegeben und abgestempelt wird.

## GRENZGÄNGER

Eine Besonderheit in der Region ist das Kleinwalsertal, das wir nur über die deutsche B 19 erreichen können, das jedoch zu Österreich gehört. Im Süden ist das Tal durch die Allgäuer Alpen vom Rest des Landes abgetrennt. Diese Tatsache führt natürlich zu einigen Kuriositäten. So dürfen zum Beispiel deutsche Staatsangehörige, die im Kleinwalsertal verhaftet werden, nicht auf dem Landweg in eine andere österreichische Stadt gebracht werden, sondern müssen per Helikopter überführt werden.

## BERGPANORAMA GARANTIERT

Nach dem Besuch von Oberstdorf setzen wir unseren Weg nun gen Norden entlang der »Deutschen Alpenstraße« fort. Die Idee zu dieser touristischen Straße stammt übrigens aus dem Jahr 1927, als ein Sanitätsarzt die Quertäler zwischen Bodensee im Westen und dem Königssee im Osten miteinander verbinden wollte. Sie verläuft über eine Handvoll Pässe mit vergleichsweise geringer Höhe, bietet jedoch immer wieder faszinierende Ausblicke auf die Alpen und ist für Unerfahrene genau der richtige Einstieg für eine Tour durch die Alpen. Unser nächstes Ziel ist der Oberjochpass, der am Ostrand von Hindelang in die Höhe führt und mit der Kanzel einen Zwischenstopp samt wunderbarer Aussicht auf die Ortschaft bietet.

Anschließend passieren wir den rund zweieinhalb Kilometer langen Grüntensee und steuern wenig später Nesselwang an. Der Ortschaft sollte man sich nicht zu schnell nähern, denn bei der Ortseinfahrt gibt es einen kleinen Parkplatz auf der rechten Seite, der ein tolles Panorama bietet. Fast schon wie ein klassisches Motiv für einen Kalender oder ein Puzzle präsentiert sich uns Nesselwang mit seiner barocken St. Andreaskirche, die sich zwischen den Wohnhäusern erhebt, während sich im Hintergrund die Alpengipfel abzeichnen.

**Großer Parkplatz für bis zu 70 Fahrzeuge: Wohnmobilstellplatz Nesselwang, 87484 Nesselwang**
**GPS: 47.619878, 10.498125**

Hinter Nesselwang durchqueren wir Pfronten, das aus mehreren kleinen Dörfern besteht, die weit versprenkelt in der Landschaft zu liegen scheinen. Von Pfronten aus verläuft die »Deutsche Alpenstraße« nördlich des Zirngrats auf der B 310, doch wir hätten auch die Möglichkeit, im Süden dieser Erhebung durch österreichisches Gebiet zu fahren, um nach wenigen Kilometern Füssen zu erreichen, wo die »Romantische Straße« in die »Deutsche Alpenstraße« mündet und wir auf dem Weg nach Oberammergau teilweise auf beiden Ferienstraßen gleichzeitig unterwegs sind.

Parallel zum Tal der Ammer passieren wir erst das kleine Dorf Unterammergau, bevor wir das größere Oberammergau erreichen. Ein kurzer Spaziergang durch den Ort lohnt sich schon alleine wegen der zahlreichen Gebäude, die mit detailreichen und liebevollen Lüftlmalereien versehen sind. Berühmt ist Oberammergau aber vor allem für die Passionsspiele, die bereits im Jahr

1634 stattfanden und seit 1680 im Zehnjahresrhythmus aufgeführt werden. Zurückzuführen sind sie auf die Pest im Jahr 1633, an der 80 Einwohner in Oberammergau gestorben sind. Die Überlebenden veranlassten die Aufführung der Passionsspiele; im Gegenzug sollte die Ortschaft in Zukunft von der Pest verschont bleiben.

## SCHLÖSSER UND KLÖSTER

Südlich von Oberammergau erreichen wir den Abzweig, der uns zu Schloss Linderhof in Ettal bringt. Auch dieses wurde – wie Schloss Neuschwanstein – im Auftrag von König Ludwig II. errichtet und ist das einzige, das noch zu seinen Lebzeiten fertiggestellt wurde. Das Schloss mit seinem symmetrischen Grundriss steht inmitten einer herrschaftlichen Parkanlage, in der sich wiederum mehrere kleine Gebäude und Pavillons wie das Marokkanische Haus und der Maurische Kiosk befinden. Ursprünglich sollte das Bauwerk dem Schloss Versailles nachempfunden werden, doch das Tal erwies sich als zu eng, weshalb es »nur« ein Nachbau von Schloss Marly-le-Roi bei Paris wurde.

**Schloss Linderhof: Linderhof 12, 82488 Ettal, schlosslinderhof.de**

Weiter geht es zurück zur B 23, wo wir rechts abbiegen, um nach kurzer Zeit auf der linken Seite das Kloster Ettal zu erreichen. Es wurde bereits im April 1330 gegründet und entstand als gotische Klosterkirche. In den ersten Jahrhunderten des Bestehens war es recht still um das Kloster. Das änderte sich aber, als Kurfürst Max II. Emanuel ein Marienbild nach Ettal brachte und den Ort damit zu einer Wallfahrtsstätte machte. Mitte des 18. Jahrhunderts wurde jedoch die komplette Klosteranlage durch einen verheerenden Brand vernichtet. Der Wiederaufbau erfolgte im Stile des Barocks, was wir besonders im farbenfrohen Inneren der Klosterkirche zu sehen bekommen. Höhepunkte sind die besagte Marienstatue im Altar sowie die Kuppel der Kirche, die mit einem Fresko reichhaltig verziert ist.

**Kloster Ettal: Kaiser-Ludwig-Platz 1, 82488 Ettal, kloster-ettal.de**

## STADT DER OLYMPISCHEN SPIELE

Auf der Ettaler Bergstraße geht es hinab in das Tal der Loisach, die in Tirol entspringt und nach rund 114 Kilometern in die Isar mündet. Im Tal biegen wir rechts auf die B 2 ab und folgen dieser in Richtung Garmisch-Partenkirchen. Die berühmte Alpenstadt erreichen wir nach Durchquerung des fast zweieinhalb Kilometer langen Farchant-Tunnels, der im Jahr 2000 eröffnet wurde. Garmisch-Partenkirchen breitet sich in einem Talkessel zwischen Kramerspitz, Wank und dem Zugspitzmassiv aus. Entstanden ist der heutige Ortsname in der Zeit des Nationalsozialismus, als anlässlich der Olympischen Winterspiele im Jahr 1936 die beiden Nachbargemeinden Garmisch und Partenkirchen zusammengelegt wurden. Die

Spiele wurden, genauso wie kurz darauf die Olympischen Sommerspiele in Berlin, von der Nazi-Diktatur zu Propagandazwecken missbraucht. Dennoch sollten auch die darauffolgenden Olympischen Winterspiele im Jahr 1940 in Garmisch-Partenkirchen stattfinden, nachdem das japanische Sapporo und St. Moritz ihre Bereitschaft als Austragungsort abgesagt hatten. Sogar nach Kriegsausbruch wurde noch kurzzeitig an den Plänen der Olympischen Spiele festgehalten, bis sie dann im November 1939 komplett abgesagt wurden. Bis heute waren die Spiele im Jahr 1936 die einzigen Winterspiele auf deutschem Boden. Großes Aufsehen erregte nicht zuletzt deshalb die Kandidatur der Stadt München als Austragungsort für die Olympischen Spiele des Jahres 2022. Sie hätten nicht nur in München, sondern unter anderem auch in Ruhpolding und Garmisch-Partenkirchen stattfinden sollen. Doch nach eindeutigen Bürgerentscheiden im Herbst 2013 wurde auf eine Kandidatur verzichtet.

Berühmt ist Garmisch-Partenkirchen auch für die legendäre Kandahar-Abfahrt. Wer sich beim Namen dieser alpinen Rennstrecke an Afghanistan erinnert fühlt, hat nicht unrecht. Denn benannt wurde die Strecke nach dem Arlberg-Kandahar-Rennen, das seit 1928 in St. Anton am Arlberg, im italienischen Sestriere, im Schweizer Mürren, im französischen Chamonix und eben auch in Garmisch-Partenkirchen stattfindet. Benannt wurde diese traditionsreiche Veranstaltung nach den beiden Organisatoren: dem Skiclub Arlberg und dem Kandahar Ski Club, der wiederum seinen Namen von Frederick Roberts erhielt, der Ende des 19. Jahrhunderts als Heerführer im Anglo-Afghanischen Krieg als Earl von Kandahar zurück nach Europa kehrte.

Nicht minder berühmt ist Garmisch-Partenkirchen für die Große Olympiaschanze, die bereits 1921 Austragungsort für das Neujahrsspringen war. Als Große Olympiaschanze wurde sie selbstverständlich erst ab dem Jahr 1936 tituliert. Der heutige Anlauf- und Schiedsrichterturm entstand aber erst im Jahr 2007, als die ursprünglichen Bauten altersbedingt gesprengt werden mussten.

**Großer Stellplatz direkt an der Talstation der Wankbahn: Camp am Wank, Wankbahnstraße 2, 82467 Garmisch-Partenkirchen, alpencamp-gap.de GPS: 47.504731, 11.106783**

**Oben links: Die Zugspitze, vom Stellplatz in Garmisch aus gesehen**
**Oben rechts: Spannend ist eine Wanderung durch die Partnachklamm.**
**Unten: Die Skischanzen in Garmisch-Partenkirchen im Sommer**

## SPEKTAKULÄRE NATURSCHAUSPIELE

Südlich von Garmisch-Partenkirchen erhebt sich in unmittelbarer Nähe zur Zugspitze die Alpspitze mit einer Höhe von 2628 Metern. Diese kann mit der Alpspitzbahn erreicht werden und bietet an der Bergstation eine stählerne Aussichtsplattform namens AlpspiX. Der Skywalk ragt mit zwei

Stahlarmen rund 13 Meter über die Felskante hinaus und bietet einen schwindelerregenden Blick ins Tal bis Garmisch-Partenkirchen. Der Besucher steht auf einem Gitterrost und kann durch diesen senkrecht nach unten blicken.

Nur wenige hundert Meter von der Großen Olympiaschanze geht es in der Partnachklamm weniger hoch, dafür aber eng zu. Auf einer Länge von über 700 Metern kann man durch die sehr enge und feuchte Schlucht spazieren, die sich im Laufe von Jahrmillionen entwickelt hat und die bereits seit 1912 als Naturdenkmal ausgewiesen ist.

## KULTUR-HIGHLIGHTS

Über die B 2 gelangen wir südlich des Wanks in weniger als einer halben Stunde nach Mittenwald. Ähnlich wie bei Füssen, wo die Via Claudia Augusta eine wichtige Nord-Süd-Verbindung der Römer bildete, verlief bei Mittenwald die Via Raetia als Römerstraße zwischen Verona und Augsburg und wurde im Laufe der Zeit sogar wichtiger als ihr weiter westlich gelegenes Pendant. Die Ortschaft Mittenwald entstand jedoch erst einige Jahrhunderte später, wurde dann aber rasch zu einem wichtigen Handelsplatz entlang der Route. Touristisch erschlossen und in gewisser Weise entdeckt wurde Mittenwald mit der Fertigstellung der Bahnlinie nach Innsbruck Anfang des 20. Jahrhunderts. Wenige Jahre später stationierte man dort die ersten Vorläufer der heutigen Gebirgsjäger. Noch heute werden die Soldaten an der Gebirgs- und Winterkampfschule für den Kampf im schwierigen Gelände ausgebildet.

Beim Spaziergang durch Mittenwald begeistern uns die zahlreichen Lüftlmalereien, die im Ortskern fast jedes Gebäude verschönern. Daneben ist Mittenwald aber auch bekannt für seinen Geigenbau. Begründet wurde dieser durch den Mittenwalder Matthias Klotz. Er ließ sich in einer Lautenmacherwerkstatt in Padua ausbilden, brachte den Geigenbau in seinen Heimatort, und mehrere seiner Kinder führten dieses Handwerk fort. Das 1930 eröffnete Geigenbaumuseum informiert auf zwei Etagen ausführlich über die Geschichte und das Handwerk des Geigenbaus.

**Geigenbaumuseum Mittenwald, Ballenhausgasse 3, 82481 Mittenwald, geigenbaumuseum-mittenwald.de**

**Der einfache Wohnmobilstellplatz Karwendel liegt gleich neben den Bahngleisen kurz vor dem Bahnhof. Zu Fuß ist man schnell im Zentrum, Bahnverkehr findet in der Nacht kaum statt: Albert-Schott-Staße 35, 82481 Mittenwald GPS: 47.437518, 11.264205**

Auf der »Deutschen Alpenstraße« folgt wenig später Krün im Isartal. Von Süden kommend, fahren wir gemütlich am Westufer des Walchensees entlang und überqueren am Ende des Sees den Kesselberg, um auf der linken Seite gleich das nächste Gewässer zu erblicken: Der Kochelsee liegt im Süden der gleichnamigen Ortschaft Kochel, wo der Expressionist Franz Marc viele Sommer verbrachte. Ihm zu Ehren wurde in Kochel am See ein eigenes Museum eröffnet, das einige seiner Werke präsentiert.

**Franz Marc Museum: Franz Marc Park 8–10, 82431 Kochel am See, franz-marc-museum.de**

Nördlich von Kochel am See erwartet uns schließlich Benediktbeuern samt gleichnamigem Kloster, mit den beiden Zwiebeltürmen der Klosterkirche weithin sichtbar und nach der Wieskirche und dem Kloster Ettal das dritte Gotteshaus, das sich im Inneren alles andere als schlicht präsentiert. Ausgiebige Stuckornamente mit zahlreichen Gewölbebildern prägen den Innenraum. Die umfassende Anlage des Klosters beherbergt heute unter anderem eine Jugendherberge, Abteilungen von zwei Hochschulen und ein Institut für Salesianische Spiritualität.

**Kloster Benediktbeuern: Don-Bosco-Straße 1, 83671 Benediktbeuern, kloster-benediktbeuern.de**

## DURCH DAS ISARTAL

Direkt an der Isar befindet sich in Bad Tölz ein Park- und Wohnmobilstellplatz, der uns einen idealen Ausgangspunkt für einen Spaziergang durch das kleine Städtchen bietet. Auf der Isarbrücke sehen wir den Kalvarienberg, auf der die Heilig-Kreuz-Kirche wie eine Landmarke wirkt. Die Doppelkirchenanlage stammt aus dem 18. Jahrhundert und ist unter anderem über einen Kreuzweg zu erreichen. Wer es weniger sakral mag, wird trotzdem leicht bergauf gehen und gemütlich auf der breiten Fußgängerzone durch das Stadtzentrum von Bad Tölz schlendern wollen. Zahlreiche wandbemalte Patrizierhäuser säumen die Marktstraße, die im Winter mit den Ständen des Weihnachtsmarktes und im Sommer mit netten Cafés lockt.

**Kurzer Fußweg ins Zentrum von Bad Tölz: Wohnmobilstellplatz Bad Tölz, Königsdorfer Straße GPS: 47.76311, 11.550229**

Durch das Tal der Isar, die rund 850 Höhenmeter auf ihrem Weg von der Quelle bis zur Mündung in die Donau hinter sich lässt, fahren wir auf der B 13 wieder südwärts. Dabei durchqueren wir den Wintersportort Lenggries, der sich mit der barocken St. Jakobskirche und dem Schloss Hohenburg präsentiert. Südlich davon erreichen wir einen See, der uns beinahe an norwegische Fjorde erinnert. Während sich im Hintergrund die massiven Berge des Vorkarwendels erheben, glitzert im Vordergrund die im Winter zugefrorene Oberfläche des Sylvensteinsees und bietet einen prachtvollen Anblick. Das Gewässer ist ein Stausee, der in den 1950er-Jahren erbaut wurde und seither das Wasser der Isar staut. An einer Verengung, wo sich zwei der »Fjord"-Arme treffen, kann der See auf einer Brücke überquert werden.

Auf der B 307 verlassen wir den Stausee und wenig später kurz auch Deutschland, denn wir überqueren die Grenze zu Österreich, biegen links ab und erreichen nach nur einem Kilometer wieder deutschen Boden, um nach Wildbad Kreuth zu gelangen. Das ehemalige Kurbad, das bereits Ende des 15. Jahrhunderts erstmalig erwähnt wurde, beherbergte so prominente Persönlichkeiten wie Zar Nikolaus I. und Kaiser Franz Josef I. Viele Jahrzehnte kamen außerdem alljährlich in der ersten Januarwoche zahlreiche Prominente aus der Politik zusammen, wenn die CSU zu ihrer Klausurtagung im Bildungszentrum von Wildbad Kreuth rief. Von einem kostenpflichtigen Wanderparkplatz aus, der auch als Übernachtungsplatz genutzt werden darf, erreichen wir das Kurhaus in wenigen Minuten.

**Es lohnt sich, auf den zahlreichen Wanderwegen der Umgebung von Wildbad Kreuth eine Tagestour einzulegen. Auf dem Kiem-Pauli-Weg gelangen wir zum Beispiel zu der sehr schön gelegenen rustikalen Almhütte Siebenhütten.**

## EIN SEE NACH DEM ANDEREN

Durch das bewaldete Tal der Weißach gelangen wir mit dem Wohnmobil wenig später zum Tegernsee, der nicht nur ein beliebtes Ausflugsziel ist. Hier kann man auch den einen oder anderen Prominenten antreffen. Zahlreiche berühmte Personen aus dem Bereich Unterhaltung, Sport und Politik, etwa der einstige Präsident des FC Bayern München, Uli Hoeneß, wohnen am Tegernsee. Entstanden ist der See nachdem sich der Inn-Gletscher vor rund 20 000 Jahren zurückzog. Dieser Gletscher kam aus dem Engadin in der Schweiz und floss durch das gesamte heutige Inntal in Tirol. Beachtlich hierbei ist, dass der Tegernsee nur durch einen Seitenarm, einen sogenannten Zweiggletscher, entstanden ist. Am Ostufer erstreckt sich die gleichnamige Ortschaft, in der das Kloster Tegernsee eine der Hauptattraktionen bildet und bis zur Säkularisation als wichtigste Abtei der Benediktiner in Oberbayern galt.

**Schloss (ehem. Kloster) Tegernsee mit katholischer Pfarrkirche St. Quirinus: Schlossplatz 1, 83684 Tegernsee, tegernsee.com**

Am Nordufer des Tegernsees zweigt die Schlierseer Straße ab, die uns zum See und gleichnamigen Ort bringt – beide deutlich kleiner als der Tegernsee, aber nicht

**Oben: Mittenwald ist bekannt für den Geigenbau (links) ... und die Lüftlmalereien an den Hausfassaden. Unten: Das malerische Kloster Tegernsee am Ufer des gleichnamigen Sees**

weniger schön. Während die Ortschaft am Nordufer sehr gemütlich wirkt und zum Verweilen einlädt, befindet sich südlich des Schliersees ein sehenswertes Bauernhof- und Wintersportmuseum. Das Freilichtmuseum zeigt mehrere Bauernhöfe aus der Region, die zum Teil aus dem 18. Jahrhundert stammen. Initiator des Museums ist der zweifache Olympiasieger und ehemalige Skirennfahrer Markus Wasmeier, der dem Museum seinen Namen lieh und es im Jahr 2007 in seinem Heimatort feierlich eröffnete.

**Markus Wasmeier Freilichtmuseum Schliersee: Brunnbichl 5, 83727 Schliersee/Neuhaus, wasmeier.de**

**Direkt am Westufer des Schliersees, rund einen Kilometer vom gleichnamigen Ort entfernt: Camping LIDO, Westerbergstraße 27, 83727 Schliersee, camping-schliersee.de GPS: 47.727532, 11.852369**

Kurz hinter dem Museum zweigt eine kleine Straße von der B 307 ab, die uns als Abstecher hinauf zum Spitzingsee bringt. Er ist der kleinste unserer bisher besuchten Seen, liegt aber in wunderbarer Lage auf über 1000 Meter Höhe. Neben der Möglichkeit, den See zu Fuß zu umrunden, wozu wir uns spontan entschließen, könnten wir unsere Wanderung mit sehr wenigen Höhenmetern sogar zu einer gemütlichen Tagestour ausweiten. Dazu bietet sich das weite Valeppa-Tal im Süden, durch das der Spitzingsee in Richtung Inntal abfließt. Östlich des Sees erhebt sich die Rotwand aus dem Mangfallgebirge, die im Jahr 2006 Schauplatz einer Erschießung wurde. Das Opfer – Bruno – war ein Braunbär, der wochenlang mediale Aufmerksamkeit erhielt, als er von Italien aus nach Bayern einwanderte; es war nach 170 Jahren der erste Bär, der in freier Wildbahn in Deutschland auftrat.

**Am Ostufer des Spitzingsees, gleich gegenüber der Talstation: Parkplatz Taubensteinbahn GPS: 47.665756, 11.888054**

Auf der weiteren Fahrt auf der B 307 sehen wir zu unserer Linken den Wendelstein, dessen Gipfel mit einer Zahnradbahn erreicht werden kann, und passieren Bayrischzell. Die Ortschaft liegt am Fuße des Sudelfelds, einem beliebten Skigebiet in den bayerischen Alpen. Über zwei Serpentinen und eine kurvenreiche Straße geht es hinauf zum Sudelfeld, wo gleichzeitig der unscheinbare Sudelfeldpass mit einer Höhe von 1123 Metern überquert wird.

## EIN RAUSCHENDER TATZELWURM

Auf der Ostseite des Passes verläuft die Straße geradewegs zu einem Wasserfall: dem Tatzelwurm. Von zwei verschiedenen Wanderparkplätzen aus ist er in wenigen Schritten gut zu Fuß erreichbar. Die bis zu zehn Meter hohen Fälle entstehen durch das

Wasser des Auerbachs, das durch eine enge Schlucht spektakulär in die Tiefe stürzt. Der Name der Kaskaden entstammt der Sage vom Fabeltier Tatzelwurm, das jeden verschlingen würde, der unvorsichtigerweise in die Schlucht fällt. Auf der privaten und daher kostenpflichtigen Tatzelwurmstraße fahren wir nordwärts und verlieren nicht nur deutlich an Höhe, sondern durchqueren auch einen schmalen Tunnel. Erst am Ende der Abfahrt müssen wir die geringe Mautgebühr bezahlen. Gleich dahinter erscheint auf der linken Seite die Talstation der Wendelsteinbahnen.

**Am südlichen Ortsrand von Bayrischzell, direkt an der B 307: Wohnmobilstellplatz Am Seeberg GPS: 47.671846, 12.010022**

Die Zahnradbahn auf den Wendelstein gehört zu den letzten vier verbliebenen Zahnradbahnen Deutschlands und steht unter Denkmalschutz. Da sie einige Jahre vor der Zugspitzbahn eröffnet wurde, ist sie zudem die älteste Bahn ihrer Art in Bayern. Bis zum Bergbahnhof Wendelstein legt sie gut siebeneinhalb Kilometer bei einem Höhenunterschied von über 1200 Metern zurück. Die Fahrzeit beträgt hierfür rund 20 Minuten.

## ZWEI INSELN IM SEE

Flott verläuft unsere Reise nun auch in den Chiemgau. Herzstück der Region ist der Chiemsee, oft auch als bayerisches Meer bezeichnet. Bekannt ist das Gewässer durch seine beiden größten Inseln Herrenchiemsee und Frauenchiemsee. Letztere beherbergt ein Kloster der Benediktinerinnen. Herrenchiemsee steht wiederum für das gleichnamige Schloss, das im Auftrag von König Ludwig II. erbaut und dem Schloss von Versailles nachempfunden wurde. Nachdem die Wohnräume des Schlosses im Jahr 1885 fertiggestellt waren, hielt sich der König ganze neun Tage im Schloss Herrenchiemsee auf. Im Jahr darauf verstarb er, und die restlichen Bauarbeiten wurden komplett eingestellt. Von mehreren Orten rund um den See gibt es Möglichkeiten, mit dem Schiff zu den beiden Inseln zu gelangen. Die kürzeste und klassischste Abfahrt findet ab Prien statt, wo es auch die größten Parkplätze gibt.

**Kloster Frauenwörth: Frauenchiemsee 50, 83256 Frauenchiemsee, frauenwoerth.de**

**Neues Schloss Herrenchiemsee: 83209 Herrenchiemsee, herrenchiemsee.de**

Neben dem Schloss und den Inseln lohnt sich ein Aufenthalt am Chiemsee aber auch wegen der zahlreichen Naturbeobachtungsstationen. Um den ganzen See herum wurde ein Netz an Stationen errichtet, das überwiegend aus verschiedenen Aussichtstürmen und Plattformen besteht. Auch auf der

Herreninsel informieren Hinweistafeln über den Naturraum, hier im Speziellen über Fledermäuse, die im Dachboden des Schlosses leben und mittels Videoübertragung in der Fledermausausstellung im Innenhof beobachtet werden können.

Südlich des Sees erstrecken sich außerdem die Moore rund um Bernau, die zugleich das Hochmoor Kendlmühlfilzn bilden, das größte zusammenhängende Moor in Bayern. Lohnenswert ist hierfür der Besuch im Bayerischen Moor- und Torfmuseum, untergebracht in der ehemaligen Zimmerei eines Gefängnisses.

**Museum Torfbahnhof/Bayerisches Moor- und Torfmuseum: Hackenstraße 180, 83224 Rottau, museum-torfbahnhof.de**

**Gleich neben der A 8, nur wenige Schritte bis zum Südufer des Chiemsees. Leider hört man auch die Autobahn: Wohnmobilhafen am Chiemsee, wohnmobilhafen-am-chiemsee.de GPS: 47.831278, 12.385312**

## SCHNEESICHERE LANDSCHAFTEN

Hinter Marquartstein verläuft unsere Fahrt wieder deutlich bergauf. Wir überqueren den 793 Meter hohen Masererpass und erreichen kurz darauf Reit im Winkl. Der Ort gilt im Winter als schneesicher; selbst dann bleibt der Schnee noch liegen, wenn in anderen Ortschaften auf gleicher Höhe kein Wintersport mehr möglich ist. Das liegt an der Lage in einem engen Tal, in dem sich die Wolken stauen (und einem häufig auch die Sicht nehmen). So kann im fünf Kilometer entfernten Marquartstein die Sonne bei strahlendblauem Himmel zu sehen sein,

während Reit im Winkl im Nebel liegt. Besonders hervorzuheben ist die Winklmoos-Alm im Osten von Reit im Winkl, ein bedeutendes Skizentrum auf rund 1170 Meter Höhe. Erreicht werden kann es innerhalb von zehn Minuten mit der fast drei Kilometer langen Gondelbahn Seegatterl. Leider ist der an der Talstation befindliche Parkplatz etwas unterdimensioniert, weshalb man sich auf ein kleines Verkehrschaos auf der B 305 einstellen sollte.

An Weitsee, Mittersee und Lödensee vorbei haben wir die Möglichkeit, Ruhpolding einen Besuch abzustatten. Besonders sehenswert in dem Ort, in dem bereits viermal die Biathlon-Weltmeisterschaften (1979, 1985, 1996 und 2012) ausgetragen wurden, ist das Holzknechtmuseum. Auf zwei Etagen zeigt es mit historischen Bauten und Werkzeugen die harte Waldarbeit der sogenannten Holzknechte. Ab Ruhpolding bleiben wir auf der B 305 und erreichen südlich von Inzell die Weißbachschlucht mit dem dortigen sogenannten Gletschergarten. Zahlreiche Findlinge und Gletscherschliffe erinnern an die Eiszeit, in der sich

**Ein beliebtes Reiseziel ist das Schloss Herrenchiemsee.**

der damalige Saalachgletscher seinen Weg bahnte. Heute können wir uns den Weg bahnen, indem wir auf einem rund fünf Kilometer langen Wanderweg die enge Weißbachschlucht erkunden und an zahlreichen Kaskaden vorbeikommen.

**Holzknechtmuseum Ruhpolding: Laubau 12, 83324 Ruhpolding, holzknechtmuseum.com**

## DUNKLE VERGANGENHEIT

Zum Abschluss der »Deutschen Alpenstraße« erreichen wir schließlich die Berchtesgadener Alpen, die sich um den gleichnamigen Ort herum erheben. Herausragend ist in Berchtesgaden das Königliche Schloss aus dem 12. Jahrhundert mit der angrenzenden Stiftskirche. Beide gehörten zum ehemaligen Augustinerchorherrenstift und bilden heute ein sehenswertes Gebäudeensemble.

Doch Berchtesgaden ist auch Teil der düsteren deutschen Geschichte, denn Adolf Hitler hatte hier seinen Zweitwohnsitz. Auf dem Obersalzberg befand sich das sogenannte Führersperrgebiet, in dem er sein Feriendomizil eingerichtet hatte und seit 1928 auf dem sogenannten Berghof verweilte, der 1952 gesprengt wurde. Auf dem Gelände, auf dem auch andere Politiker aus der Zeit, zum Beispiel Hermann Göring und Albert Speer, ihre Landhäuser errichteten, wurde eine sehenswerte Dokumentationsstätte eingerichtet.

**Dokumentation Obersalzberg: Salzbergstraße 41, 83471 Berchtesgaden, obersalzberg.de**

Südlich vom Obersalzberg erhebt sich der 1834 Meter hohe Kehlstein mit dem Kehlsteinhaus. Es wurde Hitler zum 50. Geburtstag von der NSDAP geschenkt und beherbergt einen Fahrstuhl innerhalb des Bergs, der in 41 Sekunden die 124 Höhenmeter überwindet. Um diesen zu erreichen, muss man jedoch auch 124 Meter durch einen Tunnel in den Berg hineingehen.

**Ab dem Obersalzberg besteht die Möglichkeit, das Kehlsteinhaus auf einer gut zweieinhalbstündigen Wanderung zu erreichen. Es bietet neben einer Gastronomie und einer weiteren Ausstellung zur NS-Zeit ein wunderbares Panorama über die Berchtesgadener Alpen.**

## ROSSFELDPANORAMASTRASSE

Da wir vom Fahren im Voralpenland nicht genug bekommen können, entscheiden wir uns dafür, auch noch die höchstgelegene durchgängige Straße Deutschlands zu befahren. Die Rossfeldhöhenringstraße, heute offiziell Rossfeldpanoramastraße genannt, ist zwar mautpflichtig und sicherlich die überflüssigste Straße Deutschlands, doch eine Fahrt auf ihr ist reines Vergnügen. Sie bringt uns auf eine Höhe von 1560 Metern zu einem schmalen Bergkamm. Oben erwarten uns mehrere Parkplätze, ein Kiosk und ein kleiner Rundwanderweg, während rechts und links der Straße der Berg steil abfällt. Auch hier kommt man natürlich in den Genuss eines fantastischen Ausblicks, unter anderem bis über Salzburg hinaus. Ein weiteres Kuriosum der Straße: Auf dem Bergrücken berührt sie österreichischen Boden; dafür musste ein Staatsvertrag abgeschlossen werden. Rein rechtlich ist die Bundesrepublik Deutschland im österreichischen Bezirksgericht Hallein als Eigentümerin der Privatstraße eingetragen.

**Im Berchtesgadener Land ist die Auswahl an Campingmöglichkeiten groß. Der Campingplatz Allweglehen liegt im Nordosten von Berchtesgaden, zwischen den beiden Mautstationen der Panoramastraße: Allweggasse 4, 83471 Berchtesgaden, allweglehen.de GPS: 47.646985, 13.03944**

**Auf dem Weg zum Königssee: Campingplatz Mühlleiten, Königsseer Straße 70, 83471 Schönau am Königssee, camping-muehlleiten.de GPS: 47.599667, 12.989185**

**Nördlich vom Königssee: Camping Grafenlehen, Königsseer Fußweg 71, 83471 Schönau am Königssee, camping-grafenlehen.de GPS: 47.594885, 12.986224**

Ganz zum Abschluss der Fahrt auf der »Deutschen Alpenstraße« lohnt sich natürlich noch der Besuch des legendären Königssees und des Nationalparks Berchtesgaden, der mittlerweile Teil des UNESCO-Biosphärenreservats ist. Nicht zuletzt gibt es noch den Anblick des 2713 Meter hohen, markanten Watzmanns zu genießen.

**Weitere Infos: deutsche-alpenstrasse.de**

# Deutsche Vulkanstraße

## Glücksmomente

Wo sieht man in Deutschland schon einen echten Geysir? Und dann kommt man außerdem nur mit dem Ausflugsschiff dorthin. Beides zusammen ist schon ein ganz besonderes Ereignis.

**TOURENLÄNGE**
309 Kilometer

**START UND ZIEL**
Vom Laacher See nach Manderscheid

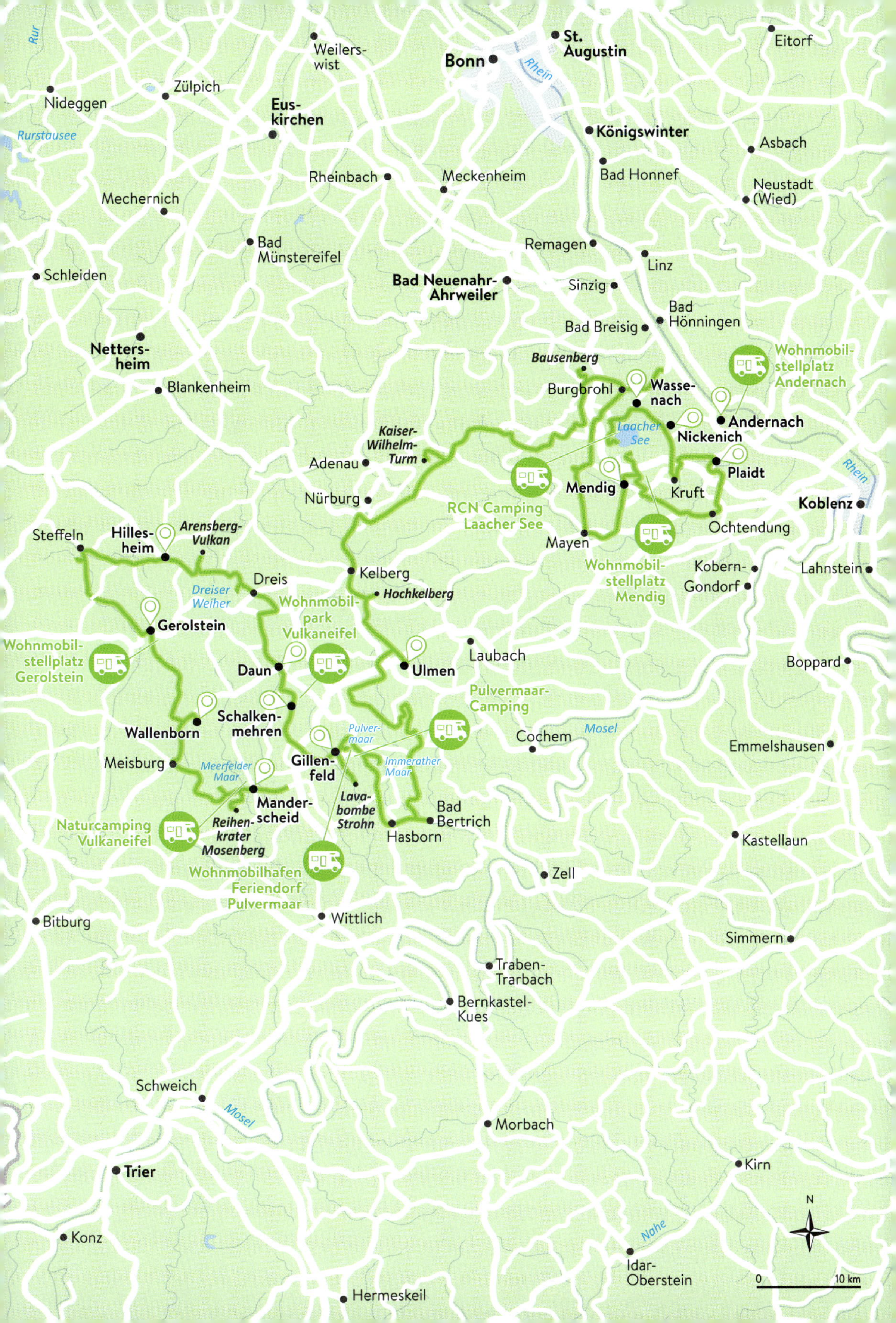
Rur
Weilers-
wist
St.
Augustin
Eitorf
Bonn
Rhein
Nideggen
Zülpich
Eus-
kirchen
Rurstausee
Königswinter
Asbach
Rheinbach
Meckenheim
Bad Honnef
Neustadt
(Wied)
Mechernich
Bad
Münstereifel
Remagen
Linz
Schleiden
Bad Neuenahr-
Ahrweiler
Sinzig
Bad
Hönningen
Bad Breisig
Netters-
heim
Bausenberg
Wohnmobil-
stellplatz
Andernach
Blankenheim
Burgbrohl
Wasse-
nach
Andernach
Laacher
See
Nickenich
Kaiser-
Wilhelm-
Turm
Adenau
Plaidt
Rhein
Mendig
Kruft
Nürburg
RCN Camping
Laacher See
Koblenz
Ochtendung
Steffeln
Hilles-
heim
Arensberg-
Vulkan
Mayen
Wohnmobil-
stellplatz
Mendig
Kobern-
Gondorf
Lahnstein
Kelberg
Dreis
Dreiser
Weiher
Hochkelberg
Wohnmobil-
park
Vulkaneifel
Gerolstein
Laubach
Wohnmobil-
stellplatz
Gerolstein
Ulmen
Boppard
Daun
Pulvermaar-
Camping
Schalken-
mehren
Wallenborn
Mosel
Pulver-
maar
Cochem
Emmelshausen
Meisburg
Gillen-
feld
Immerather
Maar
Meerfelder
Maar
Mander-
scheid
Lava-
bombe
Strohn
Bad
Bertrich
Naturcamping
Vulkaneifel
Reihen-
krater
Mosenberg
Hasborn
Kastellaun
Wohnmobilhafen
Feriendorf
Pulvermaar
Zell
Bitburg
Wittlich
Simmern
Traben-
Trarbach
Bernkastel-
Kues
Schweich
Mosel
Morbach
Trier
Kirn
N
Nahe
Konz
Idar-
Oberstein
0
10 km
Hermeskeil

# WO ES EINST HEISS HERGING

## Durch die sanften Hügel der Eifel

Nördlich der Mosel und westlich des Rheins erwartet uns eine Landschaft, die nicht immer gleich auf den ersten Blick ihre Sehenswürdigkeiten offenbart. Dabei sind diese oftmals mehrere Tausend Jahre alt und können viel über die erdgeschichtliche Entwicklung erzählen. Mit dem Wohnmobil fahren wir scheinbar kreuz und quer durch die Region, genießen die Ausblicke auf sogenannte Maare, nächtigen in malerischen kleinen Ortschaften und besuchen Ausstellungen, die uns das Thema Vulkanismus näherbringen.

### PROLOG IN ANDERNACH

Als Ausgangspunkt für die Fahrt auf der »Deutschen Vulkanstraße« steuern wir die Ortschaft Andernach am linken Rheinufer an. Sie liegt zwar nicht an der Ferienstraße, doch gibt es hier einerseits einen großen, praktisch gelegenen Wohnmobilstellplatz, und andererseits lässt sich etwas besichtigen, das einmalig in Deutschland ist und auf eine besondere Weise an das Thema Vulkanismus erinnert: der Kaltwassergeysir Andernach. Um ihn zu erleben, spazieren wir vom Stellplatz ein paar Schritte zu einer Schiffsanlegestelle, denn nur mit dem Ausflugsboot gelangen wir zum Geysir. Das kleine Schiff bringt uns zum Naturschutzgebiet Namedyer Werth, das sich ebenfalls am linken Rheinufer erstreckt. Dort ist es von der Anlegestelle nur ein kurzer Fußweg zum Kaltwassergeysir. Mit einer Auswurfhöhe von bis zu 60 Metern ist er wahrlich beeindruckend und der höchste Kaltwassergeysir der Welt. Geysire wie in Island und im US-amerikanischen Yellowstone Nationalpark sind zwar höher, aber an deren Wasser würde man sich die Finger verbrühen.

**Einmalig in Deutschland ist der Kaltwassergeysir von Andernach.**

**Am Rande eines Großparkplatzes mit Blick auf den Rhein: Wohnmobilstellplatz Andernach, Uferstraße 5, 56626 Andernach GPS: 50.441474, 7.408158**

## STARTPUNKT BEI MARIA LAACH

Von Andernach ist es nur eine kurze Fahrt bis zum offiziellen Ausgangspunkt der »Deutschen Vulkanstraße«. Sie startet am Wanderparkplatz Erntekreuz südlich des Laacher Sees. Dass die Region vulkanischen Ursprungs und sogar heute noch aktiv ist, zeigt bereits dieses Gewässer, an dessen Ufer sich die berühmte Abtei Maria Laach erhebt. Der See ist der größte in Rheinland-Pfalz und befindet sich in einer sogenannten »Caldera«, also in einer Art Kessel, der durch vulkanische Tätigkeit entstanden ist. Der Vulkan brach vor ca. 13 000 Jahren aus (nach erdgeschichtlicher Zeitrechnung weniger als ein Wimpernschlag), und noch heute kann man beim Spaziergang rund um den See blubbernde Ausgasungen an der Wasseroberfläche erkennen. Einen schönen Blick auf den Laacher See hat man von eben diesem Wanderparkplatz, und beim Spaziergang rund um den See sollte man auch unbedingt die bereits erwähnte Abtei besichtigen.

**Abtei Maria Laach: 56653 Maria Laach, maria-laach.de**

**Direkt am Laacher See, idealer Ausgangspunkt, um den See zu Fuß zu umrunden und zum Eppelsberg zu wandern: RCN Camping Laacher See, Am Laacher See 1, 56653 Wassenach, rcn.nl GPS: 50.422196, 7.265234**

Einen weiteren spannenden Einblick in die Vulkangeschichte der Region erhalten wir östlich vom Laacher See bei Nickenich, wohin wir durch den Wald auch wandern können. Dort, wo sich heute ein Steinbruch befindet, schauen wir genau durch diesen in das Profil eines Schlackenkegelvulkans. Bis zu 70 Meter hoch ist die Steinwand, an der man den erkalteten Vulkan sozusagen von innen begutachten kann. Als Laien sind wir dankbar über die detailreichen Hinweistafeln, die uns darüber informieren, was hier zu erkennen ist. Weitere Informationen liefert das Vulkanpark Infozentrum in Plaidt. Zum Beispiel gibt es im Außenbereich einen Steingarten, in dem unterschiedlichen geologischen Formationen haptisch nachgespürt werden kann.

**Vulkanpark Infozentrum: Rauschermühle 6, 56637 Plaidt, vulkanpark.com**

## SPUREN DES VULKANISMUS

Über die B 256 geht es gleich weiter zur nächsten Ausstellung. In unmittelbarer Nachbarschaft zum Wohnmobilstellplatz in Mendig befindet sich das Deutsche Vulkanmuseum Lava Dome. Anfassen und Ausprobieren ist hier ausdrücklich erwünscht.

**Oben: Einmal kurz in Andernach anmelden, und schon kann man übernachten.**
**Unten: Mit dem Schiff geht es über den Rhein zum Geysir.**

Kiosk & Anmeldung
Concorde

INSPIRE

Natürlich baut man sich hier keinen Vulkan zusammen, doch gerade die kleinen Mitreisenden verstehen den Vulkanismus auf diese Weise sehr gut. Ein echtes Highlight ist zudem der Besuch in den sogenannten Lavakellern 30 Meter unter der Erde. Im Mittelalter entstand hier durch den Abbau von schwarzem Basalt ein Labyrinth aus Stollen und Schächten, das heute erkundet werden kann.

**Lava-Dome: Brauerstraße 1, 56743 Mendig, lavadome.de, vulkanpark.com**

**Günstig und ganz in der Nähe zum Lava Dome: Wohnmobilstellplatz Mendig, Brauerstraße 12, 56743 Mendig GPS: 50.376737, 7.284405**

## VON MAAR ZU MAAR

Mit einigen kleinen Abstechern orientieren wir uns bei der Weiterfahrt überwiegend an den Bundesstraßen 412, 258 und 257 (die uns ganz nebenbei am berühmten Nürburgring vorbeiführen) und kommen so zum Beispiel zur Ortschaft Ulmen, wo wir auf ein Maar blicken. Diese meist ovalen oder kreisrunden Seen entstanden vor mehreren Zehntausend Jahren als Ergebnis von Wasserdampfexplosionen, verursacht durch das Zusammentreffen von Grundwasser auf vulkanisches Magma. Man muss in der Region zwar keinen Vulkanausbruch mehr fürchten, doch geologisch betrachtet ist sie vulkanisch noch aktiv. Und genau das kann man noch erkennen, denn in den charakteristischen Maaren der Vulkaneifel treten weiterhin Gase aus, die blubbernd an die Wasseroberfläche stoßen (was wir ja bereits am Laacher See beobachtet haben).

**Oben: Beeindruckend ist die Abtei Maria Laach am Laacher See. Unten: Das Ulmener Maar (links). Zwischen den Maaren genießt man bei einer Wanderung den Ausblick vom Dronketurm.**

**Übernachten am Kraterrand mit tollem Ausblick auf die Landschaft der Vulkaneifel: Wohnmobilhafen Feriendorf Pulvermaar, Vulkanstraße, Auf der Maarhöhe, 54558 Gillenfeld, feriendorf-pulvermaar.info GPS: 50.134006, 6.931251**

**Direkt am Ufer des Pulvermaars: Pulvermaar-Camping, Am Pulvermaar 1D, 54558 Gillenfeld, pulvermaarcamping.de GPS: 50.134855, 6.922786**

Als besonders praktisch für uns Wohnmobilisten stellt sich das Pulvermaar bei Gillenfeld heraus. Dieses ist das größte und tiefste

Maar Deutschlands und bietet an seinem Ufer einen Campingplatz sowie noch einen Wohnmobilstellplatz etwas erhöht auf dem Kraterrand. Hier bleiben wir gerne über Nacht und genießen am frühen Abend den Rundgang auf dem Uferweg, der gerade einmal eine gute Stunde dauert.

Am nächsten Tag erreichen wir nach einer nur kurzen Fahrt zunächst das Schalkenmehrener Maar, das erste von gleich drei Gewässern dieser Art, die sich aneinanderreihen. Wir sehen dort auf einem Hügel das Maarkreuz, das sich im Rahmen einer Wanderung erreichen lässt und von wo sich ein wunderbarer Ausblick auf das Maar und die Ortschaft offenbart. Es ist heute ein beliebtes Ausflugsziel und ein Wahrzeichen von Schalkenmehren bzw. der Maare. Errichtet wurde es im Jahr 1932, wie eine kleine Plakette am Fuße des Kreuzes verrät.

Das Maar besteht eigentlich aus zwei Maaren: zum einem aus dem erkennbaren See mit einer Tiefe von bis zu 21 Metern, zum anderen aus der Mulde östlich des Gewässers. Diese enthält jedoch kein Wasser und wird daher als Trockenmaar bezeichnet. Gar nicht trocken sind die beiden folgenden Gewässer: das Weinfelder und das Gemündener Maar. Zwischen den beiden Seen erhebt sich der Dronketurm. Gebaut wurde dieser Aussichtsturm zu Beginn des letzten Jahrhunderts in Erinnerung an Adolf Dronke, den Gründer und ersten Vorsitzenden des Eifelvereins. Vom Dach des zehn Meter hohen Turms hat man einen schönen Ausblick auf die Vulkaneifel und kann das Gemünder Maar deutlich erkennen.

**Die Maare bei Schalkenmehren erlebt man am besten bei einem Spaziergang vom Wohnmobilpark Vulkaneifel aus.**

**Wohnmobilpark Vulkaneifel: Wohnmobilstellplatz 1, 54552 Schalkenmehren, wohnmobilpark-vulkaneifel.de GPS: 50.169819, 6.871760**

Nur ein Katzensprung ist es von diesen Maaren bis zur nächsten größeren Stadt. Das hügelige Daun wird überragt von der Höhenburg Daun, in der sich heute das Schlosshotel Kurfürstliches Amtshaus befindet. Doch vor über zweieinhalbtausend Jahren war dieser Hügel im Zentrum von Daun ein strategisch wichtiger Punkt und wurde von den Kelten mit einer Fliehburg bebaut. Natürlich ist aber auch Daun von der Vulkanologie geprägt. Als Teil des Natur- und Geoparks Vulkaneifel befindet sich unweit der Burg Daun das Vulkanmuseum. Mit interaktiven Modellen werden die Tektonik erläutert und der aktive Vulkanismus dargestellt.

**Eifel-Vulkanmuseum Daun: Leopoldstraße 9, 54550 Daun, vulkaneifel.de**

## IN DER HAUPTSTADT DES EIFELKRIMIS

Entlang der B 421 erreichen wir wenig später Hillesheim, wo man sich abseits des Vulkanismus auch mit dem Thema Literatur befassen kann, denn: Hillesheim ist bekannt als Hauptstadt des Eifelkrimis. Zahlreiche Kriminalromane mit Lokalkolorit spielen rund um die Stadt bzw. in der Vulkaneifel. Der Verleger und Krimiautor Ralf Kramp verlegte nicht nur den Sitz seines Verlages vom Rheinland hierher, sondern führt dort zusammen mit seiner Frau auch Das Kriminalhaus mit dem Café Sherlock, einer Agatha-Christie-Sammlung und einem Krimi-Archiv, das rund 30 000 Bände umfasst. Wer sich für dieses Genre nicht begeistern kann, ist in Hillesheim möglicherweise eher an der Stadtmauer interessiert. Im Süden der Altstadt sind noch Teile der um 1300 errichteten Mauer erhalten und können auch betreten werden. Der rechtwinklig angelegte Mauerring wurde im 16. Jahrhundert deutlich erhöht und mit Zinnen bekrönt.

**Es ist nicht verwunderlich, dass Hillesheim auch eine Station des Eifelkrimi-Wanderwegs ist. Dieser verläuft in zwei Rundkursen zu den wichtigsten Schauplätzen der lokalen Kriminalromane.**

## SPRUDELNDES WASSER

Das Zentrum der letzten größeren Stadt dieser Ferienstraße, Gerolstein, wirkt eigentlich recht klein und besteht im Wesentlichen aus der Bahnhofstraße, die in die Hauptstraße übergeht. Westlich davon befindet sich ein Park mit einer Mineralquelle, die bereits von den Römern genutzt wurde und an der man sich mit dem dort sprudelnden Wasser erfrischen kann. Die Quelle macht den Eifelort bundesweit bekannt, denn in Gerolstein ist natürlich das nach der Stadt benannte Mineralwasserunternehmen ansässig. Die erfolgreiche Firmengeschichte begann im ausgehenden 19. Jahrhundert, als das Wasser in Tonkrügen abgefüllt und verkauft wurde. Heute wird die Marke Gerolsteiner in rund 30 Ländern getrunken.

Gerolstein bietet zudem eine Wandermöglichkeit, die uns weitere Einblicke in die Vulkaneifel verschafft. An mehreren Informationstafeln des Geopfades vorbei gelangen wir direkt zur Papenkaule. Sie ist deutlich erkennbar, sofern man weiß, was die Papenkaule eigentlich ist. Dabei handelt es sich nämlich um eine rund 200 Meter breite Senke, die eine deutliche Mulde in der Landschaft bildet. Wir stehen also abermals vor einem echten Vulkankrater, der vor rund 10 000 Jahren entstanden ist. Anders als so manch anderer erloschener Krater hat sich dieser jedoch nicht mit Wasser gefüllt, da das darunterliegende Dolomitgestein wasserdurchlässig ist.

**Guter Ausgangspunkt zur Papenkaule und zu den anderen Sehenswürdigkeiten der Stadt: Wohnmobilstellplatz Gerolstein, Raderstraße, 54568 Gerolstein GPS: 50.221070, 6.653877**

**Guter Ausgangspunkt für Wanderungen ins Liesertal und zu den Burgen: Naturcamping Vulkaneifel, Herbstwiese, 54531 Manderscheid, naturcamping-vulkaneifel.de GPS: 50.097247, 6.799942**

## ZUM ABSCHLUSS WIEDER EIN GEYSIR

Wie zu Beginn schauen wir am Ende unserer Reise in Wallenborn abermals auf einen Geysir. Der sogenannte Brubbel oder auch Wallender Born ist zwar weniger eindrucksvoll als der Geysir in Andernach, gehört aber bei einer Reise auf der »Deutschen Vulkanstraße« einfach dazu. Unsere Fahrt auf dieser Ferienstraße endet schließlich in Manderscheid, wo wir die Gelegenheit nutzen, die beiden Manderscheider Burgen – also die Oberburg und die Niederburg, die sich gegenüberstehen und nur vom kleinen Flüsschen Lieser voneinander getrennt sind – zu besichtigen. Beide markieren hier die einstige Grenze zwischen dem Kurfürstentum Trier und der Grafschaft Manderscheid, deren Besitzer sich feindlich gegenüberstanden. Heute geht es hier weitaus friedvoller zu. Daneben bietet Manderscheid ein Maarmuseum, in dem die Maare der Eifel nochmals erläutert werden.

**Weitere Infos: deutsche-vulkanstrasse.com**

**Manderscheider Burgen: Niedermanderscheider Straße 1, 54531 Manderscheid, burgen-manderscheid.de**

Oben links: Die Helenenquelle befindet sich im Eifelstädtchen Gerolstein. Oben rechts: Spannend wird es bei der Einkehr im Kriminalhaus Hillesheim. Unten: Sehenswert sind außerdem die Ruinen der Manderscheider Burgen.

# Moselschiefer-Straße

## Glücksmomente

An der Mosel jagt ein Glücksmoment den nächsten, denn bei so einer großen Auswahl an Stellplätzen direkt am Ufer fühlt man sich als Wohnmobilist gerne empfangen.

**TOURENLÄNGE**
104 Kilometer

**START UND ZIEL**
Mayen

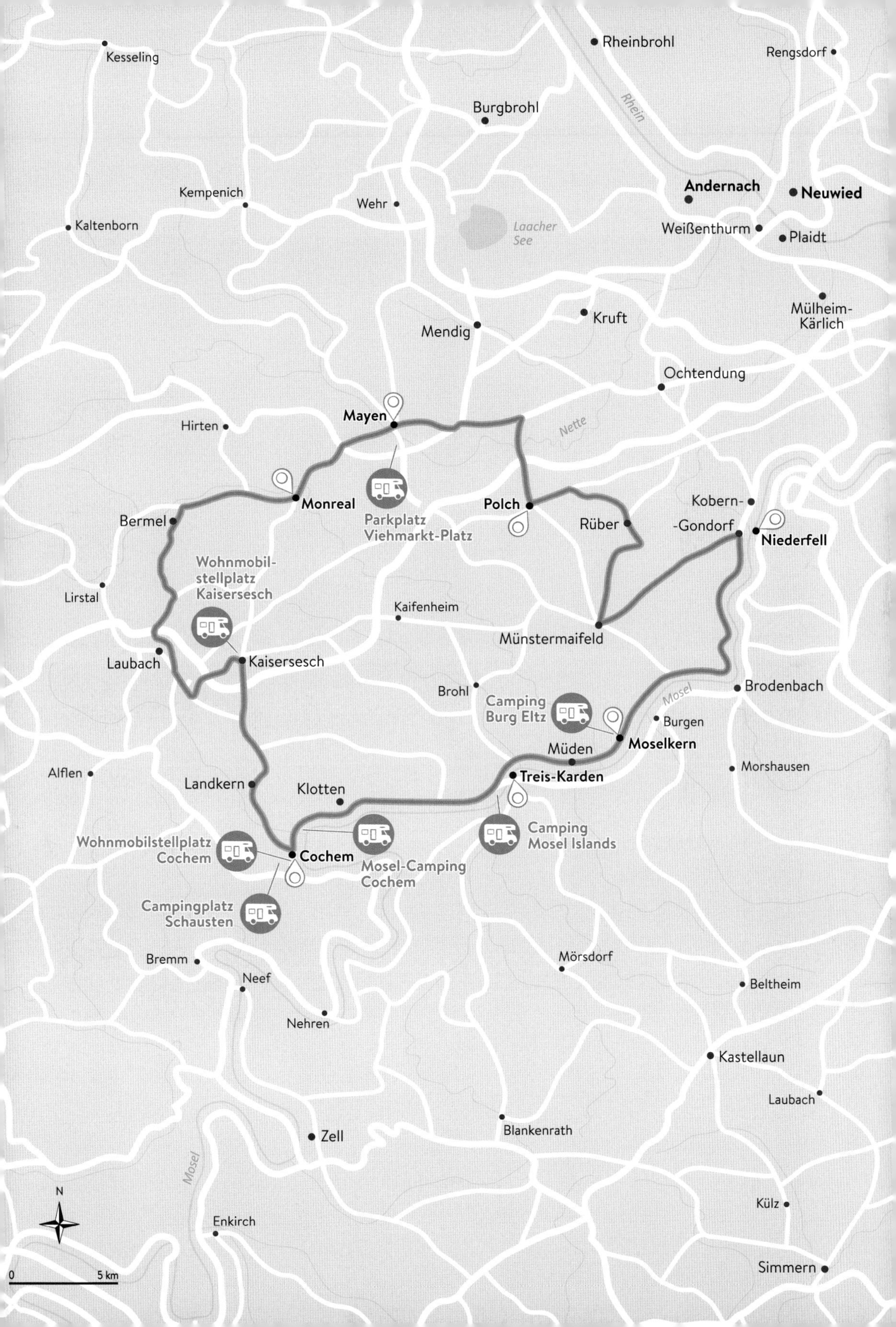
Kesseling
Rheinbrohl
Rengsdorf
Rhein
Burgbrohl
Kempenich
Wehr
Andernach
Neuwied
Kaltenborn
Laacher See
Weißenthurm
Plaidt
Mülheim-Kärlich
Kruft
Mendig
Ochtendung
Mayen
Hirten
Nette
Monreal
Parkplatz Viehmarkt-Platz
Polch
Kobern-
-Gondorf
Niederfell
Bermel
Rüber
Wohnmobil-stellplatz Kaisersesch
Lirstal
Kaifenheim
Münstermaifeld
Laubach
Kaisersesch
Brohl
Brodenbach
Camping Burg Eltz
Mosel
Burgen
Moselkern
Müden
Alflen
Morshausen
Treis-Karden
Landkern
Klotten
Camping Mosel Islands
Wohnmobilstellplatz Cochem
Cochem
Mosel-Camping Cochem
Campingplatz Schausten
Bremm
Mörsdorf
Neef
Beltheim
Nehren
Kastellaun
Laubach
Blankenrath
Zell
Mosel
N
Külz
Enkirch
0
5 km
Simmern

# GENUSSTOUR AN DER MOSEL

## Burgen, Wein und Schiefer

Das Moseltal ist ein Eldorado für Wohnmobilisten und Genießer. Es gibt wohl kaum einen Wohnmobilfahrer, der nicht schon einmal an der Mosel war. So viele Straußwirtschaften, Weinlokale und Weingüter, in denen man einkehren und genießen kann. Nur gut, dass man nicht mehr fahren muss, denn das Wohnmobil steht ja am Moselufer, von wo es erst am nächsten Morgen, nach einem guten Frühstück, mit Blick auf das Wasser weitergeht. Doch die »Moselschiefer-Straße« führt auch in das »Hinterland«, das wir bei dieser Rundtour in der Eifel ebenfalls kennenlernen wollen.

### ZUM AUFTAKT UNTER TAGE

Bereits während der Fahrt auf der »Deutschen Vulkanstraße« (s. S. 158) haben wir die Ortschaft Mayen gestreift. Entlang der »Moselschiefer-Straße« ist sie die größte Stadt und gleichzeitig am weitesten von der Mosel entfernt. Hier starten wir unsere Rundtour, die nur wenig mehr als 100 Kilometer lang ist. Theoretisch könnte man die Strecke also an einem einzigen Vormittag zurücklegen. Doch wir wollen natürlich auch einiges sehen – zum Beispiel das Deutsche Schieferbergwerk. Denn um das Thema Schiefer geht es hier natürlich auch, wie der Name »Moselschiefer-Straße« verrät. Das Bergwerk befindet sich unterhalb der Genovevaburg und ist auch Teil des Eifelmuseums. Mit einem Aufzug gelangen wir unter Tage, wo sich ein 340 Meter langes Stollenlabyrinth befindet.

**Deutsches Schieferbergwerk:
Mario-Adorf-Burgweg, 56727 Mayen,
mayen.de**

**Hoch ragt die Genovevaburg in Mayen in der Eifel empor – und unterhalb gelangt man zum Schieferbergwerk.**

**Stellplatz auf Rasengittersteinen, in direkter Nachbarschaft zu einem Lebensmitteldiscounter. Nur ein kurzer Spaziergang bis zur Genovevaburg: Parkplatz Viehmarkt-Platz, Polcher Straße, 56727 Mayen GPS: 50.322058, 7.228154**

Nachdem wir wieder Tageslicht sehen, entscheiden wir uns, die »Moselschiefer-Straße« entgegen dem Uhrzeigersinn zu befahren und stoppen deshalb zunächst in Monreal, wo uns die Altstadt mit ihren Fachwerkhäusern genauso begeistert wie der Blick auf die beiden benachbarten Ruinen der Löwen- und der Philippsburg. Im sogenannten Schieferland Kaisersesch samt dortigem Wohnmobilstellplatz legen wir einen Wanderabstecher zur Wallfahrtskirche Maria Martental ein, wo sich ein Gnadenbild aus dem Ende des 15. Jahrhunderts befindet.

**Einfacher Stellplatz für drei Fahrzeuge ohne Ausstattung: Wohnmobilstellplatz Kaisersesch, Im Haag, 56759 Kaisersesch GPS: 50.232792, 7.140664**

## STADTBUMMEL DURCH COCHEM

Auf einer sich schlängelnden und bergab führenden Straße erreichen wir schließlich die Mosel und dort eine der bekanntesten Ortschaften im Tal: Cochem. An dem sehr einfachen Wohnmobilstellplatz am Moselufer blicken wir zunächst auf den Bahnhof der Stadt. Klingt nicht spannend, aber immerhin kann er sich teilweise als Fachwerkbau und mit einem Rundturm sehen lassen. Von dort aus spazieren wir gemächlich in die Altstadt, wo wir zunächst auf das mächtige steinerne Enderttor zusteuern. Es wurde in der ersten Hälfte des 14. Jahrhunderts am Ausgang des Enderttals auf Geheiß des Kurfürsten Balduin errichtet, war der nördliche Zugang zur Stadt und schützte Cochem vor Angriffen aus dem Tal heraus. Heute ist das noch vollständig erhaltene wuchtige Bauwerk Teil der Fußgängerzone. An das Tor angebaut wurde die Alte Thorschenke, die schon zu Balduins Zeiten Reisende aufnahm, denn dort hielten die Postkutschen, welche nach Köln und Frankfurt zogen. Dem 22 Kilometer langen Endertbach, der durch die moderne Bebauung im Umfeld des Tores kaum wahrnehmbar ist, verdankt das Stadttor seinen Namen.

Mit dem historischen Marktplatz, der von zahlreichen Fachwerkhäusern umrahmt ist, erreichen wir den beliebtesten Platz der Stadt. Hier lauscht man Straßenmusikern, taucht seine Hände in das Wasser des Brunnens, und der Duft frisch gebackener Waren liegt in der Luft. Zugleich scheinen der hohe, schlanke Turm der St. Martinkirche sowie die lachsfarbene Fassade des

**Oben: Das malerische Zentrum von Cochem an der Mosel**
**Unten: Über die Uferstraße (links) gelangt man zur Reichsburg, die sich auf einem Berg oberhalb von Cochem erhebt.**

Rathauses über den Platz zu wachen. Durch eine der Seitengassen gelangen wir mit wenigen Schritten wieder ans Moselufer, wo wir in einem der ältesten Häuser der Stadt, in der Weinstube Beim Weinbauer, bei einem Glas Wein entspannen.

**In Cochem gibt es gleich mehrere Übernachtungsmöglichkeiten. In Altstadtnähe, keine Ausstattung, kein Flair: Wohnmobilstellplatz Cochem, Moselstraße, 56812 Cochem GPS: 50.152865, 7.168244**

**Am Moselufer auf der anderen Flussseite, nahe dem Freizeitzentrum Cochem: Mosel-Camping Cochem, Stadionstraße 11, 56812 Cochem-Cond, mosel-camping-cochem.de GPS: 50.158833, 7.175018**

**Im Enderttal, wenige Gehminuten in die Altstadt, guter Ausgangspunkt für Wanderungen: Campingplatz Schausten, Endertstraße 124, 56812 Cochem, camping-cochem.de GPS: 50.151300, 7.154900**

## HINAUF ZUR REICHSBURG

Das Highlight Cochems und das Wahrzeichen der Stadt, die Reichsburg, erhebt sich zwischen Weinreben auf einem Hügel am Südrand der Altstadt. Je nachdem, welchen Weg wir einschlagen, um nach oben zu gelangen, passieren wir zuvor noch auf einem kleineren Hügel den Aussichtspunkt namens Tummelchen. Auch hier halten wir kurz inne, denn auf der einen Seite blicken wir bereits über die Dächer der Stadt, während sich auf der anderen Seite die Reichsburg in voller Pracht präsentiert. Mehrere Türme ragen in die Höhe, von denen der markante quadratische Bergfried im Zentrum das Augenmerk auf sich lenkt. Von fast jedem Punkt der Stadt aus – vom Moselufer sowieso – ist die wuchtige Burganlage zu sehen.

Die Burg wurde vermutlich bereits zu Beginn des 11. Jahrhunderts erbaut, namentlich erwähnt wurde sie zum ersten Mal im Jahr 1051 als Pfalzburg. Doch erst mit der Besetzung durch König Konrad III., exakt ein Jahrhundert später, wurde die Burg zur Reichsburg. Im 17. Jahrhundert rückten die Truppen des französischen Sonnenkönigs Ludwig XIV. bis zur Mosel vor und besetzten sowohl Cochem als auch die Festung. Am 19. Mai 1689 sprengten die Franzosen die Reichsburg und setzten sie in Brand. Fast 200 Jahre lang lag sie in Schutt und Trümmern – bis Louis Ravené die Ruine für 300 Goldmark aufkaufte und wieder aufbauen ließ. Bis 1942 war sie in Besitz der Familie Ravené, heute gehört das beliebte Ausflugsziel der Stadt Cochem.

**Gasthof Hirschen: Kirchgasse 3, 78343 Gaienhofen-Horn, hotelhirschen-bodensee.de**

**Museum Haus Dix: Otto-Dix-Weg 6, 78343 Gaienhofen, kunstmuseum-stuttgart.de/museum-haus-dix**

**Neben einer Besichtigung der hübschen Innenräume besteht auch die Möglichkeit, in der Burg zu heiraten oder im rustikalen Burgkeller an einem Rittermahl im historischen Gewand teilzunehmen: Reichsburg Cochem, Schlossstraße 36, 56812 Cochem, reichsburg-cochem.de**

Zu den jüngeren Attraktionen von Cochem gehört ein Bauwerk, das lange Zeit der Geheimhaltung unterstand: der Bundesbankbunker, der im Jahr 2016 durch einen Privatinvestor der Öffentlichkeit zugänglich gemacht wurde. Die Bunkeranlage entstand in den frühen 1960er-Jahren und diente der Aufbewahrung einer Notstandswährung während des Kalten Krieges. Bis zu 15 Milliarden D-Mark wurden hier aufbewahrt; sie sollten das Land vor einer nationalen Wirtschaftskrise schützen. Man nahm an, dass eine große Menge an Falschgeld, hergestellt in den damaligen Ostblockstaaten, zu einer Geldentwertung hätte führen können. Abgesehen von Kontrolleuren der Bundesbank, die einmal im Quartal stichprobenartig den Bestand prüften, wurde der Bunker nie von anderen Personen betreten. Der Zugang zur Anlage erfolgte durch Wohnhäuser in einem ganz gewöhnlichen Wohnviertel des Cochemer Stadtteils Cond, die nur zur Tarnung gebaut worden waren.

## DURCH DAS ELZTAL

Auf der B 49 lassen wir Cochem hinter uns und steuern das Wohnmobil flussabwärts entlang des Moselufers. Bei Treis-Karden und Hatzenport folgen gleichzeitig zwei lang gestreckte Inseln, die praktischerweise beide einen Campingplatz beherbergen. Camping Mosel Islands umfasst beinahe eine komplette Insel. Im östlichen Bereich befindet sich zudem ein Bootshafen. Der Platz ist mit Restaurant und allen weiteren notwendigen und üblichen Einrichtungen ausgestattet. An der westlichen Spitze der Insel gibt es einen Bolzplatz und eine große Wiese mit jeder Menge Spiel- und Sportmöglichkeiten. Einkaufsmöglichkeiten finden sich gegenüber am anderen Moselufer, das über eine Brücke mit der Insel verbunden ist.

**Camping Mosel Islands: Am Laach, 56253 Treis-Karden, mosel-islands.de GPS: 50.170442, 7.293182**

Aber auch an den Ufern existieren weiterhin Übernachtungsmöglichkeiten für Wohnmobiltouristen, so zum Beispiel im Ort Moselkern ungefähr auf halber Strecke zwischen den Inseln. Moselkern ist übrigens der Mündungsort für den kleinen Elzbach, der aus einem malerischen und waldreichen Seitental in die Mosel fließt. Der Begriff Bach ist allerdings leicht untertrieben. Immerhin ist der Elzbach, auch Elz genannt, fast 60 Kilometer lang.

**Eine Wanderung vom Moselufer durch das Elztal ist nicht nur beliebt, sondern ausdrücklich zu empfehlen. Eher ein gemütlicher Spaziergang, bietet sie zwar kaum spektakuläre Aussichten und ist auch nicht von Weinreben und Weinbergen geprägt. Dafür lockt neben der malerischen Landschaft ein echtes Highlight, das schon nach gut einer Stunde Fußweg erreicht wird: die Burg Eltz.**

**4,5 km Fußweg zur Burg, guter Ausgangspunkt für eine Wanderung dorthin: Campingplatz Burg Eltz, Moselstraße 39, 56254 Moselkern, camping-burg-eltz.de GPS: 50.190227, 7.367737**

## PRÄCHTIGER RUNDUMBLICK

Auf einem 70 Meter hohen Felsmassiv, von drei Seiten vom Elzbach umflossen, erhebt sich seit dem 12. Jahrhundert die stolze Burganlage. In abgeschiedener Lage, fernab jeglicher Straßen, ist die Burg seit Anbeginn im Besitz der Familie Eltz. Diese malerische Abgeschiedenheit wäre ihr im 14. Jahrhundert beinahe zum Verhängnis geworden: Der Trierer Erzbischof Balduin versuchte, seinen Machtbereich auszubauen, und belagerte daher im Rahmen der Eltzer Fehde die Burg an ihrem einzigen Zugangsweg. Aus dieser Zeit stammt die kleine, im Auftrag von Balduin erbaute Burg Trutzeltz, deren Überreste man auf dem der Burg Eltz gegenüberliegenden Berghügel zwischen den Bäumen ausmachen kann.

Der heutige Besitzer von Burg Eltz, Dr. Karl Graf und Edler Herr von und zu Eltz-Kempenich, hat es sich zur Aufgabe gemacht, einen Teil der Burg der Öffentlichkeit zu präsentieren, und zeigt den Familienbesitz, welcher in 33 Generationen zusammengetragen wurde. Burg Eltz wurde übrigens überregional bekannt als Abbildung auf der Rückseite des 500-Mark-Scheins.

**Gräflich Eltz'sche Kastellanei Burg Eltz: Burg Eltz 1, 56294 Wierschem, burg-eltz.de**

Bei Niederfell verlassen wir das Moseltal und reisen über Münstermaifeld wieder in die Eifel hinein. Wer möchte, kann in Polch noch einen Zwischenstopp einlegen, denn dort befindet sich das Werk eines bekannten Wohnmobil-Herstellers samt Ausstellungsräumen. Über eine Serpentinenstraße geht es zum Abschluss der kurzen Runde wieder nach Mayen zurück.

**Weitere Infos: moselschiefer-strasse.de**

**Oben: An der Mosel kann man auch auf einer Flussinsel campen.
Unten: Nicht verpassen sollte man die Wanderung zur grandiosen Burg Eltz.**

# Deutsche Alleenstraße

## Glücksmomente

Einfach mal das Rad vom Gepäckträger abschnallen und die ein oder andere Allee ganz in Ruhe genießen. Ab dem Möhnesee erhascht man auch noch einen Blick auf das Wasser.

**TOURENLÄNGE**
ca. 3050 Kilometer

**START UND ZIEL**
Von Putgarten nach Konstanz

100 km
N
DÄNEMARK
NORDSEE
OSTSEE
POLSKA
NEDERLAND
LUXEMBOURG
FRANKREICH
SCHWEIZ
ÖSTERREICH
TSCHECHIEN
Wohnmobilstellplatz Putgarten
Putgarten
Flensburg
Kiel
Stralsund
Rostock
Lübeck
Elbe
HAMBURG
Müritz
Malchow
Emden
Weser
Lüneburg
Bremen
Stadtmarina Brandenburg an der Havel
BERLIN
Wolfsburg
Hannover
Brandenburg
Frankfurt a. d. Oder
Magdeburg
Hildesheim
Lutherstadt Wittenberg
Münster
Höxter
Dessau
Rhein
Paderborn
Dortmund
Halle a. d. Saale
Torgau
Möhnesee
Göttingen
Hoyerswerda
Leipzig
Meißen
Görlitz
Wohnmobilstellplatz - Möhnesee
Camping-Hohensyburg
Erfurt
Dresden
Altenburg
Pirna
Gotha
Köln
Bad Honnef
Fulda
Wohnmobilstellplatz Poppenhausen
Plauen
Koblenz
Büdingen
Bitburg
Mosel
Frankfurt am Main
Schweinfurt
PRAG
Aschaffenburg
Bayreuth
Würzburg
Worms
Nürnberg
Neunkirchen
Karlsruhe
Regensburg
Neuenbürg
Stuttgart
Landshut
Tübingen
Riedlingen
MÜNCHEN
Chiemsee
Rosenheim
Konstanz
Kempten
Reichenau
Friedrichshafen
Bodensee
Zugspitze 2962
Campingplatz Bruderhofer

# UNTER DICHTEN BAUMKRONEN

## Von der größten Insel bis zum größten See des Landes

Sie ist eine der längsten Ferienstraßen Deutschlands – nur sehr wenige werden sie vermutlich in ihrer gesamten Länge abfahren. In einem Stück ist das ohnehin nicht möglich, da die »Deutsche Alleenstraße« mehrere Möglichkeiten bietet. Von ihrem Ausgangspunkt in Rügen verläuft sie zunächst gerade bis Wittenberg, doch in der Mitte Deutschlands bildet sie eine Acht, bevor sie vom Südwesten wieder direkt in den Süden führt. Ins Leben gerufen wurde sie nach der Deutschen Einheit, um die Alleen der ehemaligen DDR zu erhalten.

### START IM NORDEN VON RÜGEN

Die Reise auf der »Deutschen Alleenstraße« beginnt am Kap Arkona, am nördlichsten Punkt der ehemaligen DDR auf der Insel Rügen. Will man diesen geografischen Extrempunkt besuchen, ist man fast gezwungen, über Nacht zu bleiben. Allerdings weniger, weil es so schön ist – das ist es zweifelsohne –, sondern weil das Preis-Leistungs-Verhältnis sonst nicht stimmt. Doch der Reihe nach …

Bei Putgarten erreicht man zu Fuß das Kap Arkona ganz im Norden von Rügen. Vom dortigen Museum und dem Leuchtturm führt ein schöner Pfad entlang der Kreideküste bis zu einer Treppe, über die man hinunter zum sogenannten Siebenschneiderstein gelangt. Da ist er also, der Findling, der auch den nördlichsten Punkt in der DDR markierte. Ein paar kleinere Steine liegen noch drumherum, aber einen, auf den man hinaufklettern kann, gibt es hier kein zweites Mal. Um ihn zu erreichen, müssen wir das Wohnmobil auf dem Parkplatz vor Putgarten stehen lassen und die drei Kilometer von dort zu Fuß zurücklegen. Das wäre an sich kein Problem, müsste man für das Parken des Wohnmobils nicht einen unsagbar hohen Preis bezahlen, da ein stundenweises Parken nicht möglich ist. Hier sollte man entweder gar nicht stehen oder gleich ganze 24 Stunden.

**Alleen wie hier auf Rügen prägen natürlich das Bild dieser Ferienstraße.**

**Wohnmobilstellplatz Putgarten:**
**Dorfstraße 31a, 18556 Putgarten**
**GPS: 54.671195, 13.408051**

## AUF DEM FESTLAND

Über die Rügenbrücke beenden wir unseren Inselbesuch und werfen noch einen Blick auf Stralsund, bevor wir über die B 194 nach Süden fahren. Die Ferienstraße entpuppt sich zwar nicht durchgehend als Allee, doch dafür sind wir auch immer wieder auf kleineren Landstraßen unterwegs, die von Bäumen rechts und links flankiert werden. Sehr viele Bäume – sprich weite Wälder – gibt es aber ohnehin ab der Mecklenburgischen Seenplatte, wenn wir die Grenze zum Bundesland Brandenburg überqueren. Ab Rheinsberg fahren wir westlich der Hauptstadt Berlin bis in die Stadt Brandenburg und weiter in den Naturpark Hoher Fläming. Hier muss man sich entscheiden, ob man den Weg auf der nördlichen und der südwärts führenden Route weiterführen möchte. Die Nordroute, für die wir uns entschieden haben, führt über Dessau direkt gen Westen und bei Höxter über die Weser.

**Beeindruckend ragt die Möhnetalsperre über der Möhne empor. Der durch sie angestaute See lässt sich auch gut mit Tretbooten erkunden.**

**Stadtmarina Brandenburg an der Havel: Am Hafen 7, 14770 Brandenburg an der Havel, stadtmarina-brandenburg.de GPS: 52.424156, 12.554059**

## ZWISCHENSTOPP IM SAUERLAND

Über Ostwestfalen-Lippe kommen wir zum Möhnesee am Rande des Sauerlandes. Der See (bzw. die Möhnetalsperre) ist einer der wichtigsten Stauseen im Sauerland und auch im gesamten Bundesland. Der Namensgeber, die Möhne, entspringt am Poppenberg bei Brilon und mündet nach insgesamt 65 Kilometern Flusslauf in die Ruhr. Das markante Bauwerk der Talsperre besteht aus Bruchstein und besitzt 105 Öffnungen, in denen das Wasser überlaufen kann. Somit hat die Talsperre keinen eigenen Hochwasserentlastungsturm, wie man ihn meistens bei Staudämmen sieht. Zuletzt lief der Möhnesee im Jahr 2007 nach zahlreichen starken Niederschlägen über. Dieses als Überlauf bezeichnete Ereignis lockt viele Besucher an die Staumauer, weil es nicht allzu oft vorkommt. Vor 2007 gab es das zuletzt im Jahr 1984. Ungewöhnlich für einen See sind auch die drei Brückenbauten, die den See in vier Abschnitte unterteilen und über die man vom Süd- zum Nordufer wechseln kann.

**Immer gut besucht; mehrere Terrassen mit freiem Blick aufs Wasser: Wohnmobilstellplatz Möhnesee, Linkstraße 20a, 59519 Möhnesee GPS: 51.491951, 8.083050**

## IM GRÜNEN RUHRGEBIET

Vom See aus kommt einem auf dieser langen Ferienstraße das nächste Zwischenziel gerade mal wie ein Katzensprung vor: Dortmund, für so manchen Reisenden vielleicht ein überraschender Halt, aber ja: Auch das Ruhrgebiet bietet viel Grün, nicht zuletzt in Form von Alleen. Sogar die breite B 1 als Verlängerung der A 44, die uns auf der Ostseite der Stadt nach Dortmund bringt, ist eine solche. Selbstverständlich hat das Ruhrgebiet noch viel mehr zu bieten; die Deutsche Alleenstraße allerdings zweigt hier nach Süden ab und verläuft weiter durch das Bergische Land zur Rheinschiene.

**Im grünen Ruhrtal: Campingplatz Hohensyburg, Syburger Dorfstraße 69, 44265 Dortmund, camping-hohensyburg.de GPS: 51.420134, 7.495354**

**Oben: Von fast jeder Parzelle aus hat man freien Blick auf den Möhnesee. Unten: Das Schloss oberhalb von Pirna im Abendlicht**

## DURCH THÜRINGEN

Die Südroute, die wir ab der Lutherstadt Wittenberg befahren können, bringt uns über Torgau und Meißen zunächst ins auch Elbflorenz genannte Dresden (s. S. 100). Südlich davon lernen wir außerdem die Stadt Pirna kennen, bevor wir unsere Reise weiter durch das Erzgebirge nach Plauen und durch den Thüringer Wald und die Rhön bis nach Fulda fortsetzen. Neben der Altstadt sollte man auch das etwas weiter oberhalb gelegene Schloss Sonnenstein besichtigen. Das massive Bauwerk wurde im 13. Jahrhundert erstmalig erwähnt. Mehrfach war die Burg umkämpft, etwa im Dreißigjährigen Krieg und Anfang des 19. Jahrhunderts bei der Eroberung durch napoleonische Truppen. Zu dieser Zeit wurde Schloss Sonnenstein bereits als Heilanstalt genutzt. Während der Zeit der Nazi-Diktatur wurde in den Räumen des Schlosses eine sogenannte Tötungsanstalt errichtet, in der über 13 000 Menschen hingerichtet wurden. Heute erinnert auf Schloss Sonnenstein eine Gedenkstätte an diese Verbrechen.

Das Hauptaugenmerk in Fulda richtet man auf die weitläufigen Anlagen nördlich der eigentlichen Altstadt. Während sich in dieser nämlich zentral die zweitürmige Pfarrkirche St. Blasius erhebt, gelangt man am Nordrand der Altstadt zum Stadtschloss aus dem 18. Jahrhundert, das einst als Residenz der Äbte und Fürstbischöfe diente. Schräg gegenüber breitet sich auf der anderen Straßenseite der Domplatz aus, der an seiner Westseite vom beeindruckenden Dom begrenzt wird. Er beherbergt das Grab des heiligen Bonifatius und gilt als Wahrzeichen der Stadt. Dom und Schloss wurden vom bayerischen Barockbaumeister Johann Dientzenhofer entworfen.

**Dom St. Salvator: Domplatz 1, 36037 Fulda, bistum-fulda.de**

**Schloss Fulda: Schlossstraße 1, 36037 Fulda, tourismus-fulda.de**

## SPANNENDE STÄDTE UND LANDSCHAFTEN

Ein Stopp auf der Wasserkuppe ist allerdings noch sehr empfehlenswert, bevor die Fahrt durch den Taunus zum Rhein weitergeht. Hier treffen sich die beiden Routen der Ferienstraße wieder, und die »Deutsche Alleenstraße« nimmt Kurs in Richtung Süden, wobei sie vielfältige Landschaften und unzählige Städte mit Geschichte durchquert. Eine davon, unser nächstes Etappenziel, ist die Nibelungenstadt Worms.

**In der Nähe der Wasserkuppe, sehr ruhig: Wohnmobilstellplatz Poppenhausen, Sebastian-Kneipp-Weg 6, 36163 Poppenhausen (Wasserkuppe) GPS: 50.489945, 9.876154**

Der Wohnmobilstellplatz in Worms braucht ein wenig, um zu begeistern. In vielen Fällen schlägt das fehl, alleine schon wegen der Lage in einem wenig charmanten Industriegebiet. Andererseits bietet er alles, was man für einen kurzen Aufenthalt benötigt, denn nur wenige Gehminuten später steht man schon vor dem mächtigen Nibelungentor, das zwei Fahrspuren der B 47 überspannt. Wer auf ihr den Rhein überquert hat, um nach Worms hineinzufahren, hat das Wohnmobil bereits hindurchgesteuert. Kurz dahinter grenzt die Altstadt an, die ganz im Westen den nicht weniger sehenswerten Dom präsentiert. Bekannt ist er vor allen Dingen als Kulisse für die Nibelungenfestspiele, die alljährlich im Sommer vor dem Dom inszeniert werden, gelegentlich auch mit aus Film und Fernsehen bekannten Schauspielern und Schauspielerinnen.

**Dom St. Peter: Domplatz 1, 67547 Worms, worms-erleben.de**

Unter dem wunderbaren Blätterdach der Baumalleen setzen wir unsere Fahrt durch den Schwarzwald und die Schwäbische Alb fort und gelangen über Karlsruhe nach Tübingen. Die quirlige Universitätsstadt befindet sich mitten in Baden-Württemberg, zentraler geht es überhaupt nicht mehr. Nahe des Botanischen Gartens der Universität zeigt eine Markierung im Wald exakt die Stelle an, die als geografischer Mittelpunkt des Bundeslandes gilt. Er befindet sich nur eine halbe Stunde Fußweg von der Altstadt entfernt, deren Zentrum wiederum der Marktplatz ist. Doch viele Besucher der Stadt zieht es noch weiter bis ans Ufer des Neckars, wo sich der Hölderlinturm befindet, benannt nach dem Dichter, der hier die letzten drei Jahrzehnte seines Lebens verbrachte.

**Hölderlinturm/Museum: Bursagasse 6, 72070 Tübingen, tuebingen-info.de**

## AM ZIEL

Nachdem wir Deutschland von Nord nach Süd einmal zur Gänze durchquert haben, sind wir am Ende dieser Ferienstraße und damit am Ende unserer Reise angekommen und stehen mit dem Wohnmobil am Ufer des Bodensees in Konstanz. Die Stadt ist in gewisser Weise zweigeteilt, denn der Fluss, der hier den Abfluss des Bodensees bildet, teilt Konstanz in den modernen, nördlichen Bereich und in die Altstadt am Südufer. Der Name des Flusses: Rhein. Ab der Brücke, die den Fluss überquert, beginnt die Kilometrierung für den längsten deutschen Fluss, obwohl er zuvor durch die Alpen fließt und den Bodensee durchquert. Etwas außerhalb der Stadt begeistert zum Abschluss der Reise auf der Alleenstraße die Insel Mainau mit ihrer üppigen Vegetation.

**Campingplatz Bruderhofer: Fohrenbühlweg 50, 78464 Konstanz, campingplatz-konstanz.de GPS: 47.674009, 9.209066**

**Weitere Infos: alleenstrasse.com**

# REGISTER

# UNSER NACHHALTIGKEITSKODEX

**Die Welt birgt viele Wunder, Abenteuer und spektakuläre Aussichten, die wir gerne erkunden möchten. Doch sie ist auch leicht aus dem Gleichgewicht zu bringen. Hier ein paar Tipps, wie wir unsere Welt nachhaltig entdecken können:**

- **Abfall wieder mitnehmen:** Plastikverpackungen jeglicher Art, Dosen, Flaschen und Papiertaschentücher (es dauert Jahre, bis sich ein einzelnes Taschentuch vollständig abgebaut hat!) gehören nicht in die Natur, sondern artgerecht entsorgt. Dazu zählen natürlich auch Toilettenpapier und der Inhalt von (Chemie-)Toiletten. Entsprechende Entsorgungsstationen finden sich überall.

- **Ressourcen gewissenhaft nutzen:** Manche Umweltressourcen sind bereits knapp, endlich sind auf jeden Fall alle. Um sie zu schonen, sollten wir sparsam mit ihnen umgehen, gerade in Gegenden, in denen zum Beispiel Wasser oder Strom nicht im Überfluss vorhanden sind.

- **Ein guter Gast sein:** Nachhaltig unsere Umgebung zu erkunden bedeutet auch, der hiesigen Flora und Fauna mit Respekt zu begegnen. Pflanzen sollten auf keinen Fall gepflückt werden, aber sie stehen uns bestimmt gerne Modell für das eine oder andere Foto. Das Gleiche gilt für wilde Tiere: Wir füttern sie nicht, halten Abstand und beobachten sie aus der Ferne.

- **Lokal kaufen:** Dadurch lernen wir nicht nur Land und Leute besser kennen und unterstützen die regionale Wirtschaft, sondern können auch so unsere Campingküche mit frischen Produkten nachhaltig gestalten.

- **Flexibel bleiben:** Camper sind keine Rudeltiere. Wir schonen die Natur auch, indem wir einen Ort nicht geballt belasten. Einen tollen Stellplatz entdeckt? Wir behalten es für uns und teilen ihn am besten nicht mit der Öffentlichkeit. Übrigens gibt es inzwischen vielerorts auch nachhaltige Campingplätze.

- **Umweltbewusst fahren:** Reisen mit dem Auto oder Womo sind grundsätzlich umweltfreundlicher als mit dem Flugzeug, dennoch können wir noch mehr tun und zum Beispiel den Kraftstoffverbrauch minimieren, indem wir vorausschauend fahren, so wenig Last wie möglich mit uns führen und die Umgebung vor Ort mit dem Fahrrad oder zu Fuß erkunden.

- **Nur dort parken und campen, wo es erlaubt ist:** Selbst wenn wir uns noch so vorbildlich verhalten und unseren Aufenthaltsort so hinterlassen, wie wir ihn vorgefunden haben, stören wir den Lebensraum von Wildtieren und hinterlassen Spuren und Gerüche. Auch Lagerfeuer entzünden wir ausschließlich an den dafür vorgesehenen Stellen und achten dabei auf Waldbrandstufen und Naturschutzgebiete.

So wie wir die Umwelt respektieren, wollen wir auch unseren Mitmenschen und deren Kultur Respekt entgegenbringen, gerade im Hinblick auf deren Traditionen, Religion oder typische Gebräuche. So kann ein Lächeln Berge versetzen!

# IMPRESSUM

**Verantwortlich:** Kerstin Thiele, Julia Bobinger
**Lektorat:** Helga Peterz
**Layout:** Eva-Maria Klaffenböck
**Repro:** LUDWIG:Media
**Kartografie:** Huber Kartografie
**Herstellung:** Alexander Knoll
Printed in Poland by CGS Printing

Sind Sie mit diesem Titel zufrieden? Dann würden wir uns über Ihre Weiterempfehlung freuen. Erzählen Sie es im Freundeskreis, berichten Sie Ihrem Buchhändler, oder bewerten Sie beim Onlinekauf. Und wenn Sie Kritik, Korrekturen, Aktualisierungen haben, freuen wir uns über Ihre Nachricht an Bruckmann Verlag, Postfach 40 02 09, D-80702 München oder per E-Mail an lektorat@verlagshaus.de.

**Unser komplettes Programm finden Sie unter**

www.bruckmann.de



In diesem Buch wird aus Gründen der besseren Lesbarkeit das generische Maskulinum verwendet. Weibliche und anderweitige Geschlechteridentitäten werden dabei ausdrücklich mitgemeint, soweit es für die Aussage erforderlich ist.

**Bildnachweis**
Alle Bilder im Innenteil und auf den Umschlagseiten stammen vom Autor außer: 6 o. l.: shutterstock/Sina Ettmer Photography; 6 u.: lookphotos/Bäck, Christian; 20 o. l.: lookphotos/Merz, Brigitte; 31, 79, 172: lookphotos/Wohner, Heinz; 58: lookphotos/Jalag/Hänel, Gerald; 62 u.: shutterstock/guentermanaus; 70 o.: shutterstock/Borisb17; 85 o. r.: shutterstock/Diego Grandi; 85 u.: lookphotos/Maeritz, Kay; 86 o.: shutterstock/twoandonebuilding; 86 u., 138: lookphotos/Stankiewicz, Thomas; 89 o.: shutterstock/MDart10; 89 u. l.: shutterstock/Travel Faery; 94: lookphotos/Bayerl, Günther; 98/99: shutterstock/2199 de; 108 o.: lookphotos/Foto Herzig; 111 u. l.: lookphotos/Böttcher, Ulf; 111 u. r.: lookphotos/Jaeger, Katharina; 116: lookphotos/age fotostock; 122/123: shutterstock/A. Freund; 126 u.: lookphotos/Radler-Wöss, Alois; 151 u.: lookphotos/Mueringer, Christian; 154/155: lookphotos/Werner, Florian; 160: shutterstock/Jarama; 164 u. l.: lookphotos/Johaentges, Karl; 182: lookphotos/Haug, Arnt; 184/185: shutterstock/Wirestock Creators

Umschlagvorderseite: o. l.: Blick von der Wallfahrtskirche Maria Gern zum Watzmann (shutterstock/Wirestock Creators); M.: Das Goethe-Schiller-Monument in Weimar (shutterstock/Votimedia); o. r.: Die Reichsburg Cochem über Cochem an der Mosel (shutterstock/fokke baarssen); u. Wohnmobil auf deutscher Landstraße (adobestock/very_ulissa)
Umschlagrückseite: Limesturm an der Deutschen Limesstraße (Tour 9: S. 119 o.)

Die Deutsche Nationalbibliothek verzeichnet diese Publikation in der Deutschen Nationalbibliografie; detaillierte bibliografische Daten sind im Internet über http://dnb.d-nb.de abrufbar.


**ISBN 978-3-7343-2863-3**